Monique David-Ménard　trad. Kawasaki Soichi

普遍の構築

カント，サド，そしてラカン

Les constructions de l'universel
Psychanalyse, philosophie

せりか書房

普遍の構築　目次

普遍の構築

カント、サド、そしてラカン

序

論理学や政治哲学、道徳、性差という考え方そのもの、これらはその大部分が普遍の概念によって構造化されている。しかし、普遍の概念は、一般に言われているよりも複雑であるばかりではなく、不明瞭でもある。この概念は、互いに異質な諸相を結びつけているが、その際、そのことを示唆することも、その結びつきを正当化することもないのだ。この概念は、論理学のような根本的と言われている領域において定義し直されることもあるが、このとき、他の諸領域でその概念を再編成する必要があることは考慮されていない。さらにはまた、性別化に関するラカンの理論の場合のように、性差といった逆説的な現実を説明するために、その概念が違った形をとることもある。しかしその場合でも、まだ、先に述べたような、それに先立つ不明瞭さをまぬがれてはいないのである。

私はこの書物の中で様々な観点から普遍性の概念を批判しているが、かといって、この概念を体系的な仕方で別の何かに置き換えるつもりはまったくない。思考の根本的な枠組みが危機に陥っているとき、この危機が一つの至上命令によって改善されることはありえないのだ。またこうしたとき、普遍性の概念が漠然としておりかつ一貫性を欠いているということから、おそらくわれわれは、人間についての普遍的な考え方を、別な仕方で、すなわち、一つの構築物として検討しなければならないだろう。われわれはようやく、何がこの構築物を必然的なものとし、しばしば錯覚を起こさせる性格を備えたものとしているのかに、気づきはじめている。実際、重要なのは、ニーチェが『曙光』の中で言っていたように、われわれの感じ方を変えることである。「われわれは判断する仕方を変えなければならない。——結局おそらく極めて後のことかもしれないが、さらにそれ以上に到達するために、感じ方を変えるために」。私は、普遍の概念の用法に見られるいくつかの弱点が及ぼす影響を見定めることによって、その概念が何からできているのかを、われわれが別な仕方で感じ始められるようにしたいのである。

こうした研究は根気を要するものであって、普遍性の概念に基づく思考体系に対して愛情に満ちていることもあれば暴力的なこともあるのだが、この研究においては、私の書くものがいつもそうであるように、精神分析が批判の道具となっている。なぜなら、精神分析は、哲学的思考の中で概念と幻想とがどのように絡み合っているのかを示してくれるからである。しかし、精神分析もまた、自らの扱っている問題と利害関係にある。というのも、性差とは、普遍性の概念を危機に陥らせる問題だからである。このことから、私がフェミニストなのかどうかを尋ねる人がいるだろう。実際、私は、女性のいくつかの夢の構造を拠り所としているが、これは次のことを示すためである。すなわち、女性の夢においては、欲望の対象の置き換えが、男性の性的事象〔sexualité〕の場合と同じようには行われないこと、その置き換えを通して実現されている罪責性の経験が男性の場合と女性の場合とでは異なっていること、そして、普遍性の概念という構築物が、とりわけカントにおいて、そしてまた他の多くの思想家たちにおいても、欲望に関する一つの人間学に強く結びついており、また罪責性の経験に関する非常に特殊かつ非常に男性的な一つの分析に強く結びついているということ、これらを示すためなのである。このことによって私が言わんとしているのは、女性は普遍とは無関係であるとか、女性は生来特殊性にもとづいた思考を行うよう定められている、といったことではない。しかしながら、もし、カントの男性の読者ではなく女性の読者こそが、普遍についてのカントの思考の様々な基盤そのものの中で、十分に正当化されていない「明証性」であり続けているもの、男性的なものの方へと偏った人間学に依存している概念的構築物であり続けているもの、これらを明るみに出すのだとすれば、それはまったくの偶然というわけではないのだ。なぜなら、思考の盲点は、その思考にはまりこんでいない者に対しての方が、よりはっきりと現れてくるものだからである。このことは、女性の立場に従属している人間学が、カントやサド、ラカンの思想よりも真であるということを意味しないし、また、そのような人間学が認可しているような、概念へのアプローチの諸様式の方が、より真であるとかより厳密であるといったことも意味しない。それらの様式はたんに別の様式なのである。しかし、このことをはっきりさせるのは非常に重要である。概念的思考に属している諸々の根本的な対概念は、神話によってと同じく、思考する主体の性別化の問題によって貫かれている。哲学者たちは、哲学はつねに神話と関係があり、概念はたしかに神話から切り離されているが、けっして単純な仕方で切り離されているのではない、ということを受け入れると言っている。それにもかかわらず、概念の構築が様々な幻想に依存しており、思考する者はこれらの幻想によって性別化されたものとして規定されるということを、哲学者たちがなぜかくも不十分な仕方でしか受け入れることができないのかについては、結局のところ明らかではない。なぜなら、思考における性別化の問題は諸々の必要不可欠な神話を形成しており、これらの神話は、哲学の諸問題がそこから出発して形成されるような諸々の根本的対立に結びついているからである。すなわち、感性的と叡智的、個別と一般が、現実的なものについてのいわゆる哲学的な解釈の一様式の端緒となる根本的対立の内に、数え入れられているのだ。もし、女性たちが、あるいは古典的な意味での男性とは異なる男性たちが、哲学的思考の誕生をつかさどったいくつかの対概念へとおのずと変容されてしまうことのないような、男性的なものと女性的なものという表象を持っているとするならば、それがいかにしてなのかをアプリオリに予見することはできないにせよ、哲学的思考は変化するよう導かれていくかもしれない。なぜなら、幻想による組織化と概念との間の通路は、本質においても本性においても固定されてはいないからである。神話はゆっくりと変化する。男性的なものと女性的なものという表象もまたそうであるし、したがって、哲学的思考においてこれらの表象に依存しているものもやはりそうである。これが、私のフェミニズムとでも呼ばれるであろうものの方向性である。しかし、おそらく多くのフェミニストたちは、この私のフェミニズムなるものを認めてはくれないだろう。なぜなら、私は、女性的なものから、男性的なものよりも上級の真理を作り出しはしないからである。性的同一性を規定している幻想とは、その内容によってではなくその宛先によってのみ有効な思考のことである。つまり、本書に記されているような幻想や夢によって、われわれは一つの同一性を練り上げるのであり、この同一性が有効なのは、想像的であると同時に現実的である対話者たち、われわれにとって異性であるかあるいは同性であることになる対話者たちに対してのみである。一つの幻想が別の幻想に比べてより真であるということはなく、たんに異なっているだけである。にもかかわらず、その幻想は思考に属しており、また、その思考とは別の仕方で別の規則に従って構築された思考と、様々な関係を打ち立てている。これが、普遍性の概念に関して、私が明らかにしたいと望んでいる思考の諸相なのである。

注

1 【訳注】ニーチェ『曙光』第一〇三節（茅野良男訳、ニーチェ全集第七巻、ちくま学芸文庫、一一七頁。ただし、文脈の都合上、一部を訳し変えた）。

概要

この著作は、普遍の概念を損なっている様々な不明瞭さが、この概念の人間学的あるいは幻想に関わる諸源泉に結びついていることを示すものである。第一章は、「すべての人にとって」という普遍を示す表現が一つの人間学に負っているものを大まかに示している。この人間学においては、断念しなければならない欲望の諸対象が、この断念が理想化されることによって、等価なものと見なされている。この章はある女性の夢の分析を拠り所としており、その夢の中では、欲望の対象の別の対象への置き換えが、別の道をたどっている。

第二章は、「カントとサド」の中でラカンによって開かれた問題を以上の観点から再び取り上げることで、サドが無条件的なものの位置に、法則という超越論的な項ではなく、経験的な項すなわち放蕩者の快楽を置き、カントにおいては現れていなかったものを、つまり、三つの項の間の必然的な関係をいかなる仕方によって明らかにしたのかを示している。その三つの項とは、「感受的に」〔pathologiquement〕規定されたすべての対象」および「すべての人」という二つの系列的普遍と、無条件性の機能、の三つである。[2]

第三章は、サドの思考の一貫性を検討して、彼が、普遍性の概念に住みついている様々な逆説を、解決しているというよりは移動させているということを示している。

第四章は、芸術の理論を、思考が、その思考を動機づけた主観的諸条件を離脱するという過程として素描している。このことは、哲学を芸術から区別するものを評価し直すのを可能にしてくれる。つまり、哲学は、自らを哲学として構築するとき、哲学がまさにその成果であるような昇華の様々な痕跡を、テクストの中で存在しないようにしているのではなく、はっきりとは分からないようにしているのであり、他方で芸術は、そうした痕跡を具象化し、熟視すべきものとして与えるのである。

第五章が研究しているのは、ラカンが、両性の関係を考えるためにやはり普遍に訴えた際の、その仕方である。彼はそのためにフレーゲの数に関する哲学を援用したのだが、それは、カントによって実践されたような、欲望についての男性的な人間学と普遍の論理学との結びつきを再現することによってなのである。

結論部は、欲望に関する女性の立場と、普遍性の概念を損なっている不明瞭さを避けることができるような昇華の過程という思考の定義とが、どの程度相互依存関係にあるのかを検討している。

注

1　【訳注】カントの用語。カントはこの語を「感性的な動因によって」の意味で用いている。

2　【訳注】原語は「universel sériel」。本書では、この「sériel(le)」および「série」「sérialité」が、普遍概念を検討する上での重要なキーワードとなっており、それぞれ「系列的」「系列」「系列性」という訳語をあてた。本書の内容を多少先取りすることになるが、これらの語の含意についてあらかじめ説明しておく。著者は、序でも述べていたとおり、普遍の概念がいくつかの相を結び合わせる役割を果たしていて、そのことがこの概念を不明瞭なものにしていると考えていることから、それらの相を厳密に区別しようとする。そうした相の一つとして、諸々の項を無差別に扱い、それらの「すべて」を同じ系列に属する等価なものとすることから成り立っているような普遍の相がある。こうした普遍性のことを、著者は「系列的」普遍性と呼び、無条件的に妥当するという意味での普遍の相と区別しようとするのである。さらに、ここで「二つの系列的普遍」という言い方がされているのは、「すべて」という言葉が適用される二つの場面を厳密に区別してのことである。これらの区別がどのような効果をもたらしているかについては、本論における著者の議論を参照していただきたい。

第一章「望むだけしばしば……」欲望の構造と普遍の概念

人間の諸権利という場合の人間

ヘーゲルが厳しく批判していた道徳的な世界像は、われわれの行為の具体性と無条件的な命法との対立に立脚しており、まずは道徳法則に対する、そしてさらに法律に対する関係の普遍性によって人間を規定している。この世界像は、二〇世紀末においては、人間の暴力や国内的および国際的な紛争に対する、比類のない砦であるように見える。カント的道徳や人間の諸権利の哲学は抽象的であるが故に空しいものであるということを、様々な哲学的批判が明らかにしたように見えたにも関わらず、われわれはそうした道徳や哲学へと立ち返るのだ、というわけである。様々な哲学的批判とは次のようなものである。すなわち、ヘーゲルは、人間の行為が実際に含み持っているものを無視しているが故にいつも仮装の姿しか見せることができないような抽象化の論理を解体したのであり、ニーチェは、カントの定言命法にあからさまな仕方で活気づけている残酷さの匂いを理解させてくれた。また、われわれにもっと近いところでは、ラカンが、サドとカントを平行関係に置いた。つまりラカンは、享楽の命法の形式主義が、道徳的命法とまったく同じように、人間の法‐政治的な観念によって要求された普遍性を拠り所とすることができる、ということを示したのである。これらの議論において、カント的な哲学者たちあるいは人間の諸権利を唱える倫理学の支持者たちは、つねに次のように指摘する。すなわち、人間に関する道徳的な考え方を打ち倒すという試みには還元主義的で誇張的なところがあり、階級闘争の中に置かれているという理由から人間を具体的であると誤って規定してしまう危険もある。なぜなら、そのような意味での具体的人間とは、人間の諸権利という場合の普遍的人間に劣らず抽象的で非現実的だからである、と。しかし、道徳性の形式主義の批判者たちは、次のように反駁する。悪のあらゆる力を守り保護している普遍的理性という考え方をただちに断念しなければならない、なぜなら、そうした考え方は、自らがそれによって織りあげられている暴力を無視しているからだ、と。こうした論争は、二律背反的な葛藤の形をとっている。つまりそこでは、それぞれの陣営がもう一方の陣営に打撃を与えていると信じているが、その敵対する陣営によって打ち壊されてもいるのであり、それゆえ差し引きはゼロであって、こう言ってよければ、至るところで同じ結果となっているのだ。

対象を変えること

おそらく、少しばかり場所を移動することで、人間という普遍的概念の支持者たちと敵対者たちがどのような循環の中をぐるぐる回っているのかを理解しなければならないだろう。カントは、道徳性の哲学を作り上げるよりも前に、一七六四年、人類の半分が法則に対する関係について無知であること、女性は、行動の諸原理を恒常的なものにすることへと導いてくれる崇高の感覚を持たないこと、女性が道徳的であるとき、それは法則を尊敬しているからではけっしてないことを指摘していた。カントはさらに、女性が道徳的である場合、それは道徳性を美しいと考えているからなのであり、このことは道徳性を備えた男性を、たとえ彼が女性に魅せられるとしても、うんざりさせることにしかならない、と付け加えている。「婦人の徳は、美しい徳である。男性の徳は、高貴な徳たるべきである。女性は悪を避けるであろうが、その理由は、それが不正だからではなく、醜いからである。そして有徳な行為が、彼らにあっては、道徳的に美しい行為を意味する。当為もなく、しなければならぬということもなく、負い目もない。婦人は、一切の命令、一切の口やかましい強制に堪えられない。彼らが何かを為すのは、ただそれが彼らに気に入っているからである。善いものだけが、彼らに気に入るようにするところに技術がある。私は、美しい性が原則をよくなしうるとは、ほとんど信じない」。持ち札はここではっきりしている。つまり、もし男性および女性が経験の上で乏しい道徳性しか持たないとしても、この見かけ上の等価性が、両者の根源的な差異を覆い隠すことはあってはならないのである。男性は、彼の行為の格率を無条件的な命法と対照させるのであって、この命法は彼のあらゆる感性的な利害関心を貫き、それをひるませている。とすれば、純粋な形式という要求のために感受的なものを犠牲にすることができる、ということが意味を持つのは、男性にとってのみなのではないだろうか。もし、ここで取り上げられているのが一つの警句であったとしても、この警句が、哲学者たちが――そしてカント自身もまた――これについてさらに問い進めることを忘れてしまうような一つの真理を述べていた、ということは十分ありうるだろう。女性性と格闘している男性的幻想、つまり、もし女性が道徳的責務を無視するとすれば、それは女性が美しか評価しないからである、といった考えは、カントに任せることにしよう。そして、カントの主張の最初の部分を、それを払いのけたりせずに、再び取り上げることにしよう。道徳性とは男性に関わる事柄であり、たしかに興味深い構築物ではあるが、しかし男性的な欲望の構造に基礎を置いている一つの構築物である。このことを理解するためには、フロイトが、性欲動の対象の置き換え可能性と名づけたものに注意を払うのがよいだろう。そしてまた、男性と女性におけるこの置き換え可能性の形式を比較することがふさわしいだろう。それによってわれわれは、普遍的人間という考え方を基礎づけているような、法則の前での主体の等価性という問題へと立ち戻ることができるだろう。

精神分析的臨床や愛情生活の経験が示すところでは、女性は〈最高善〉および罪責性に対して、男性が持つのと同じ関係を持ってはいない。これは、欲動の対象の非常に可変的な性格が、女性にとっては、置き換え可能性という点で男性と同じ運命を持たないからである。人が欲望の対象を変化させる仕方は、その人が女性であるかまたは女性に同一化している場合と、男性であるかまたは男性に同一化している場合とでは、同じではない。この差異についてよく理解しておこう。欲動の対象は、フロイトが書いていたように、望むだけしばしば変化することがありうるのだが、この可変性は、男性にとっても女性にとっても妥当する。しかし、こうした一般的な定式化が一つしかないことから、それぞれの性における欲動と昇華の様々な過程が覆い隠されてしまう。フロイトは別のところで、対象が果たすことのできる機能の多数性と、そこからさらに、ある対象から別の対象への置き換えがとりうる様式の多様性について、考えるよう促している。「欲動の対象（Objekt）とは、それによって、または、それを通して欲動がその目標に達するところのものである。これは欲動にとって、もっとも可変的で、もともと欲動に結びついているわけではなく、欲動充足を可能にするために用いられるにすぎない。それは必ずしも外的な対象（Gegenstand）である必要はなく、自分自身の肉体の一部であってもいい。欲動が生活運命のさまざまな経過をたどるあいだに、対象は望むだけしばしば変化することがありうる。このような欲動の移動は、きわめて重要な役割を持っているのである。同一の対象（Objekt）が、同時にいくつかの欲動に充足を与える、という場合があるが、これはアルフレッド・アドラーによれば、欲動交叉の例である。欲動が対象と特に密接に結びついている場合、それは欲動の固着といわれる。この固着は、欲動の発達の非常に早い時期に行われてしまうことがあり、分離されることに激しく抵抗して、欲動の可動性に終止符を打つのである」[2]。このテキストはしばしば注釈をつけられ、様々な決定的誤解のきっかけにもなった。ラカンの犯している誤解もその一つである。つまり、対象が望むだけしばしば変化することがありうるという考えを、対象はいかなる重要性も持たないという別の考えに置き換えているとき、彼は誤解しているのである。ラカンはこの誤解によって、欲動の現実化の倒錯したモデルへ、つまり「カントとサド」へと至った。[3]より正確に言えば、欲動の回路がそれ自体無差別な対象を一巡することによって可能になっている事柄を、倒錯者はもっともよく現実化しているという考えによってこそ、ラカンは、フロイトを読むことによって別のテキストを案出するよう導かれたのである。このテキストはたしかに、適切にも以下のことを指摘している。すなわち、崇高さと道徳性とを備えた人間、つまり、行為が拠り所としている諸原理の恒常性に感受的なものを従わせているカント的人間は、欲動の対象の可変性が無差別として解釈される点において、サド的人間に類似している。無差別というのは、サドにとっては、享楽の利益を排他的に支配しているという点で無差別であり、カントにとっては、命法に関して妥当性を持たないあらゆる感性的な利害関心を追いやってしまう道徳法則に対する尊敬という意味で、無差別なのである。さらに次のことも指摘しておこう。無差別あるいは無差別化として解釈された対象の可変性は、ドン・ジュアンをも連想させる。彼は、次々と女性を無差別などうでもよいものにしていくのだが、それはその女性が、あのエルヴィールの、あるいはやがて彼に享楽の釈明を要求することになる亡霊の特徴を、すぐには身につけはしないからなのである。

しかし、欲動の対象の可変性という主題は、フロイトに従えば、さらに別の可能性を開く。それはまさしく、極めて巧みな最後の文によってである。そこでは、欲動の対象への非常に早い時期での固着は、その分離に抵抗することで欲動の可動性に終止符を打つのだ、と言われている。この分離〔Lösung〕という言葉は、欲動の緊張を一時的にほぐすような快の経験によって欲動を消散させることと、非常に早い時期の対象に対する排他的な結びつきを解体させることとを示している。したがって、いくつかの対象を見捨てることができないということと、すべてが置き換えられているという理由で快を可能にしている諸対象を見つけだすことができないということとは、同じ固着の二つの側面を表している。しかし、本章の主題にとって興味深いのは、快の可能性が、いくつかの対象を断念することの可能性に結びついており、またたからといって、分離が必然的に諸対象の無差別化を要求するわけではない、という点である。

女性的なものにおける罪責性——ある悪夢

一つの例をとりあげてみよう。ある女性が、彼女から離れてゆこうとしており、彼女の方は彼を待ち望んでいる、そういった一人の男性の愛を断念しなければならないというときに、彼女は、その男性と会う約束をしている前日の夜、次のような夢を見る。彼女は、自分の娘と一緒に行列に並んでいる。この場所では、悲痛な雰囲気が支配しており、彼女はこれを「屠殺場へ行く」という表現によって描写する。彼女はちょっとの間この場を離れて、美しい車を借りて町の繁華な地区で買い物をするのだが、自分の娘が一緒にいないこと、彼女は死期の迫った娘をけっして一人きりにすべきではなかったということ、そして、出かけてしまったことで娘との最後のひとときを自ら失っていることに気づくのである。彼女はこの悪夢に慄然とし、ユダヤ人が戦争中に、自分たちが死のうとしていることに気づいたときに感じていたのとちょうど同じことを体験しているような気分で、目覚めたのである。

分析の間に、連想による多くの結びつきが出現してくる。彼女の待ち望んでいる男性が、最近彼女に「君の娘に会いに行くよ」と言った。また彼女の娘がこのごろ、夜に外出しすぎると彼女を責めていた。さらに、美しい車は、別の男性が最近言い寄ってきていることへと彼女を引き戻すのだが、この男性は、彼女の待ち望んでいる男性とは逆に、美しい車を持っている。さらに、死を待ち受けるということは、ユダヤ人が時折非難される事柄へ、つまり戦争中に消極的なままであったことへと彼女を導く。このことは、彼女の待ち望んでいる男性の言葉にも関係している。彼はある日、自分のことを女性に対して消極的だと言ったのだが、この日彼は、この患者とは別の女性との関係について話していたのであり、彼が彼女のもとを離れてゆく恐れがあるのは、その女性のためである。このことによって、彼を待つことは不安に満ちたものとなったのである。

このような夢の話を聞いて、この女性は罪責性というものを知らない、なぜならこの悪夢は、一人の男性の「過ち」の責任を彼女が引き受けられるようにするために、一種の絶望的な試みを演出しているのだからだ、と言う人はいないだろう。この悪夢においては、罪責性は二重に演出されている。そのもっとも根源的な層においては、会う約束をした場所へと行くのを屠殺場へ行くかのように感じることによって、この女性は不幸と屈辱の経験へと差し向けられているのであり、危機に瀕したユダヤ人という状況が、この経験についての意味作用の素材をしばしば夢の中で提供している。こうした領域では、いかなる主体化も不可能である。つまり、その行為によって人がある暴力の起源となり、またその際、その暴力の責任をとるべきだと感じることや、さらにまた、共有されたその暴力の抑圧そのものによって道徳法則の主体という普遍性へと高められているような他の人たちと自分とには連帯責任があると感じることをも覚悟している、そのような行為は表象不可能なのである。ところで、これこそが実際、男性の性的事象において、罪責性と、それから道徳法則に対する諸々の行為の関係とが構築される仕方なのであり、フロイトが一九一三年に『トーテムとタブー』で主張しているのもこれである。

この女性患者にとって事情はまったく異なっており、主体化は別の道に従って進む。彼女の現在の様々な困難が呼び起こしている苦悩の経験に比べて、ユダヤ人に対して向けられた消極的という非難を伴っている、死を待ち受けるという主題は、存在することに対する一種の根源的な恥の告白である。これは、クローデルの『人質』における〈クーフォンテーヌの白鳥〉という登場人物が行っている、かつて存在したことの拒絶のしるし、ラカンが少し前にわれわれの注意をそちらへ向けたしるし[4]に比較されるべきものである。しかし、この患者の悪夢においては、かつて存在したことのいかなる拒絶、他者に向けられたいかなる拒絶も示されておらず、ただ、断罪された希望がもはやどうしようもない仕方で姿を現しているだけなのだ。

もはやどうしようもない仕方でと述べたが、それは、必ずしも正しい言い方ではない。なぜならこの悪夢には、不幸のむき出しの感情を結果として制限するような主観的構築物を構成するという、罪責性のもう一つの影響が存在しているからである。つまり、患者はこの夢の中で、死期が迫っている自分の娘のそばに十分にいてあげていないという点で、また、娘から見れば男性たちに対する関係に心を奪われすぎているという点で自分には罪がある、と自らに語っているのである。罪責性は、この領域においては、存在することそのものにはもはや関わっていない。他方で、買い物に対するほのめかしによって、車を持っていない男性を美しい車を持っている男性に取り替えるということが示されている。こちらから呼び求めたのではなく甘受するほかはない、そうした死を受動的に待ち受けるということが、それよりも折り合いをつけやすいある罪責性の形をとってあらわれているのだ。母に対して向けられた非難は、母が娘と一緒にいることすらできなくなるような死が容赦なく迫ってくるのを待ち受けることとは別の事柄と結びついている。

車を持たない男性と車を持つ男性という対象の置き換えによって、二次的で性愛化された罪責性が可能となっている。したがって、性愛あるいは欲動的なものが、この夢において、一般的にそうであるように、同一性が脅かされることに対する強い不安を縁取っているのである。こうして、死の欲動を制限し、そのうちの何ものかをすっかり移動させることによって反復するとき、欲動的なものがどのように構成されているのかについてもまた、十分に把握される。性愛化は死の欲動を転移させたり昇華させたりするのであり、このとき、厳密な意味においてそれを抑圧するということはない。つまり、過ちおよび去勢という想像的なシナリオに助けを求めはしないのだ。このシナリオは、体験された苦悩を「おとしめること」と罪責性の普遍化との間の相関関係によって、男性と呼ばれている人間を構築しているシナリオである。

たしかにカントは、女性は罪責性を知らないと言った点で間違いを犯した。しかし、女性が男性とは別な仕方で罪責性を体験すると感じたという点では、彼は誤ってはいなかったのだ。つまり、女性は自己喪失によってそれを体験するのであり、この自己喪失は、最悪な事態を待ち受けるという典型的な状況への回帰にしか助けを求めることがないのである。罪責性はたっぷりとある。ただそれは、男性の見る罪責性のある夢においてしばしば起こるように、自己と他者、憎悪と愛情との間の区別が廃止されるような殺人の欲望の形象化に結びつくことはない。この〔女性の場合の〕罪責性は、過ちが軽減されるために失わねばならないものをファルスが表象する、という構築物によって癒されることはけっしてないのだ。

悪夢は、それ自身によって、夢を見ている女性の存在に関わるようなある自己喪失を先取りした経験に一つの形を与えているのだが、愛の終わりという危惧に対しては、その終わりを不吉なものとすることで、一つの輪郭を与えている。女性は、何にも頼らず、女性に何事かを禁じる法則に頼ることすらなしに、様々な状況を体験したり思い浮かべたりする能力を持っている。このとき、脅威に対して制限が加えられるのは、もっぱら、その脅威がより深刻になった場合を思い描くことによってである。さて、存在を解体してしまう苦しみという織物は、性愛的なシナリオによって織りあげられている。夢を見ている女性が悪夢から逃れ出てくるのを可能にしている微笑みは、罪責性を変容させる。すなわち、去って行く男性を美しい車を持った男性に置き換えることは一つの案出であり、これによって、悪夢から脱することが、その悪夢が描き出している不安のただなかで可能になるのである。置き換えが、欲望の諸対象を等価なものにすることはなく、また、一つの法則に照らしてそれらを同じ無意味さへと追いやりはしない。その法則とは、理想的な諸原理に対して、つまり、断念するのがふさわしい諸対象の無差別をまさしく諸原理それ自体の恒常性によって保証してくれるような諸原理に対して、主体をしっかりと結びつける法則のことである。さてしかし、われわれが問題にしている女性は、「車」という属性によってある対象を別の対象に対比させるという一つの置き換えを案出したのだ。こうした比較は、不安の二つの領域の階層化を可能にする。そしてその比較は、悪夢の中でのある微笑みを可能にしており、このことを私は抑圧というよりむしろ昇華と呼んでおいた。抑圧が行われると、理想への同一化が欲動の諸対象を「おとしめ」、それらを以下のような系列をなすものとする。それは、主体を規定し直す法則に関して、諸対象が置き換え可能であり無差別であるような系列である。おそらく、諸対象を追いやることと、ラカンが、主体とは一つのシニフィアンを別のシニフィアンに対して代理表象するもののことであると言うときに語っている主体化の効果との間には、相関関係がある。一つの対象は別の対象に相当し、一つのシニフィアンは別のシニフィアンに相当する。というのも、それらの場所のみが、主体に、それらを結合させている消失において構成されうることを請け合っているからである。美しい車と、それを持っていない男性との間の対立は、もう一つ別の機能を持っている。美しい車は、〔それを持っていない男性の〕廃棄〔abolition〕を笑って意に介さないのだが、ここでこの廃止を、主体の消失として考えることはできないだろう。すなわち、廃棄があるときには主体は存在しないと考えることはできないだろう。そして、ある主体が姿を現すという場合、それは、消失ではない廃棄をあざけって笑うことによってなのである。美しい車は記号ではない、つまり、記号は誰かに対して何かを代理表象しているのだとラカンが言う[5]ような意味においては記号ではない。前述の理由で、美しい車はシニフィアンでもない。それはむしろ、それによって不在が耐えうるものとなるような、別の可能な現前の形象化なのだ。それは立ち去る男性の代わりである美しい車を持った男性、夢のこのような源泉は対象の無際限な系列性に開かれてはいないのだが、それはちょうど、この象徴が、可能な現前の象徴であり、したがってまた表象可能な不在の象徴だからである。別の対象があれば十分なのであって、不安を性愛化するために、置き換えが無際限に開かれている必要はないのだ。別なものへと移行することが必然的であるからといって、対象一般が軽視されているのではない。夢は、離れていく対象の一つの性格を保持し、対比という、戯れと関係のある〔ludique〕様式のもとで、美しい車によって一つの可能な手段を案出しているのだ。この働きによって悪夢の外に出ることができるならば、それで十分なのである。というのも、このように外に出ることを実現させている素材は、欠如している対象を指し示し続けているからである。この意味においては、対象のおとしめも、もっとも根源的な不安の抑圧もないのだが、その不安が形を変えることはある。女性は主体ではない、と言う者がいるかもしれないが、むしろ、女性は、男性とは別な仕方で、つまり、女性の欲望の中で苦悩と罪責性の原因となっているものの、戯れと関係のある昇華という特殊な様態によって、主体になるのだと仮定してみよう。

カントにおける罪責性とその論理

このプロローグによって、定言命法および違反についての諸道徳の理解に別な仕方で接近することが可能となるに違いない。別の仕方でとは、つまり、これらの道徳を欲動の一つの運命と見なすことによってである。この運命はその存在理由を持ってはいるものの、真理の無条件的な規範としては妥当することができないであろう。なぜなら、理性的に明証的なものとして提示されているカント的道徳の主張のうちのいくつかは、道徳性の運命とは異なる罪責性の様々な運命が現実的なものであり、したがってそれらは可能的なもの、つまり理解可能なものであることに人が気づくとき、漠然としていることが明らかになるからである。

一七六三年以来、つまり『負量の概念を哲学に導入する試み』以来、われわれの行為と、その行為の格率を判定する法則の普遍性との関係を規定しているそれ以後の様々なテキストにおいてはつねに、罪責性の概念はカントにおいて二重である。すなわち、罪責性の経験とは、まず、命法によって現場をおさえられるという経験である。この命法はわれわれの道徳的意識を基礎づけており、われわれはその命法に照らしてみてつねに違反していると感じるのである。実質的衝突[6](realer Widerstreit)の論理は、それぞれが効力を持つ二つの力の対立を前提している。つまりここでは、法則によってわれわれが規定されているという意識に、われわれの感性的な利害関心が道徳性の無条件的な命法に対して抵抗しているという意識が、対立しているのである。カントの諸々の定式は、彼のこの論文の全体を通して、この同じ主導的な線を確たるものとすることによって明確にされている。一七六三年において、カントは法に違反する経験について力説しているが、この経験は、法の認識とその法に背く力の実在とを同時に前提している。『人倫の形而上学の基礎づけ』(一七八五)および『実践理性批判』(一七八八)の中で、彼は意志の自律を定義し、またこれを、負量的感情として、つまり感性の「思い上がりを打ちのめす」ような、また感性が要求するものを遠ざけるような理性の事実として、尊重している。こうした遠ざけは、感性的でさらに感受的と言われている存在の中に無条件的なものが逆説的にも姿を現す結果、行われる。『根本悪についての試論』（一七九三）、これは『単なる理性の限界内における宗教』の有名な一章なのだが、このような後のテキストにおいては、先天的ではなく根本的な悪という観念そのものによって、悪への傾向性は、法則の秩序にわれわれがあらかじめ根を下ろしていることにはっきり対立するものとされている。先天的に悪であるような意志、例えば法則の破壊を望むような意志は、「まったくもって不可能」だと宣言される。つまり、根本悪とは、意志を基礎づけているものに違反する意志に備わるとされねばならないものなのである。また、実質的衝突の論理が、法則に対する関係の論理的演算子[7]としてカントによって呼び戻されている。この関係は、「われわれ人間にとっては」、つねに違反の意識を伴うのである。以上が、罪責性の第一の側面であり、それは、カントに従えば、人間存在そのものを、たとえそれが独房の中に囚われた罪人であろうとも、基礎づけている。つまり、人間存在は、われわれが負わねばならないものを規定しているような、またそれに対してわれわれはつねに違反しているような、無条件的な審級によって現場をおさえられる、ということなのである。

系列的普遍と無条件的なもの――いかなる関係があるのか

しかし、カントによれば、法則に対する関係はもう一つの顔も持っている。感受的なもののおとしめ、つまり、つねに特殊な仕方でわれわれを触発する感性的存在のおとしめが、内実を持った行為のあらゆる意図を、格率の普遍化という論理的な試練を行う口実へと変える人間学的条件とされているのである。たとえ、われわれの行為がその具体性において様々に異なっておりそれぞれが特殊であるとしても、われわれの行為がその行為の格率の普遍化という試練に従うことができるという事実は、われわれの行為を法則の形式主義にとってのたんなる素材へと変えてしまう。そしてこのことは、道徳的主体を、彼の欲望がいかなるものであれ法則が妥当するような人格、審級へと変えてしまうのである。すなわち、ある人格は別の人格と同等であるということ、このことが道徳性と法の主体を規定しているのであって、人格の普遍性は、われわれの中で感受的なものをおとしめるような無条件的な法則が現場をおさえることとの、理性的な解釈と見なされているのだ。すべての人にとって法則が妥当するということ、これが意味しているのは、法則がつねに私の感性的存在の現場をおさえることではもはやなく、私の行為がどのようなものであれ、それが妥当性を持つのは、私の諸々の行為を互いに等価なものとし、また法則の諸々の主体を互いに等価なものとするような、普遍性を備えたある命法に突き合わされることによってのみだ、ということである。われわれの行為の道徳性の試練である、行為の格率の普遍化は、無条件的な命法に背く経験を、われわれの行為の実質の相対的な無差別化へと変容させる。相対的というのは普遍性という点から見てのことであり、われわれの行為がそうした普遍性を担いうるのは一つの意志にとってである。それゆえ、ある時には、罪責性とは条件づけられたものの中に無条件的なものが姿を現していることである。またある時には、罪責性とは、欲求を意志として定義し直すきっかけのことである。ただしそれは、われわれの欲求が、普遍を定義するきっかけとなっていればの話であるが。このとき、感性的な傾向性とは、一つの原理が規定される一事例であり、これは、根拠となるような超越的審級に対して違反するという経験とはまったく異なっている。無条件的なものとは、法則に照らして現場をおさえることである。普遍性とは、それによってわれわれの行為が共通の尺度を獲得するような、またそれによって諸々の主体が等価な人格、あるいは法則という観点からは同一ですらあるような人格になる、そのような形式的試練なのである。その法則とは、「汝の行為の格率が、同時に、可能な人間世界の法則としてつねに妥当しうるように行為せよ」である。根拠となっている命法に対して違反しているということが、行為および主体は普遍化可能であるが故に等価になるというような形式的操作と、理性的にはっきり区別される概念であるということは、明らかではないだろうか。さて、カントを読むとき、われわれは道徳性のこれら二つの観点を一緒にして考えているのであり、それらをまったく同じ事柄であると考えて、もはや問題にすることはない。「すべての人にとって」は、絶対的な命法に照らしてみて違反しているということの自然な明文化であるように見える。しかし、命法の無条件性は、論理的には、法則の、様々な行為および主体からなる系列的普遍性とは何の関係もない。これらの観念は明瞭なものであり、互いにはっきり区別されるのである。

したがって、このような同一性の見せかけの明証性を産み出しているのは、道徳性の二つの側面の唯一の共通点が感性的なもののおとしめであるという事実に他ならない。無条件的な命令が、われわれの行為の格率の普遍化の試練と同質なものとなるのは、われわれがそれらを、感受的なものに対する方法上の遠ざけと見なす場合のみである。すなわち、無条件的なものとは、われわれに根拠を与える命令の出現によって、われわれの内に産み出された断絶の経験なのであり、また、普遍とは、われわれが自らの行為を従わせるような形式的試練によって産み出された、諸々の事例および主体の無差別化である。無条件的なものが普遍と同じになるのは、それぞれを打ち立てているのが、感受的なもののおとしめである場合しかないのである。

普遍の道徳――概念の真理か、あるいは幻想の真理か

私が出発点とした患者の悪夢の中では、無条件的な命法が姿を現していた。つまり、たとえそれが「屠殺場へ行く」ことであるとしても、愛している男性を断念しなければならない、ということである。しかし、普遍化のいかなる審級も、必然的なものであるこの断念を、すべての人に

とって妥当する試練の一つの事例としてはいなかったのである。ある対象を別の対象に置き換えるというのは、別離が命じられるとき、夢の中で別離の可能性を案出する一つのやり方である。問題になっている命法はカントのいう定言命法とは同じ本性を持っておらず、それはまだ条件づけられた命法である、と人は言うかもしれない。しかしながら、それが断念を無条件的に命じるかぎりでは、同じ地位を有しているのだ。別離を現実のものとする必然性と道徳的命法との違いは、いかなる超越論的審級も前者を基礎づけてはいないという事実にある。責務はむき出しの必然性として姿を現すのだが、この必然性は愛する男性が立ち去ることと結びついており、女性はこのことを、狂気に陥って彼の幻影を見るというのでなければ、しっかり確認しておかねばならないのである。さて、以上のことは、事実のあらゆる必然性よりも上位の責務の秩序を、すなわち法則一般への関係を原理上規定しているような、定言命法の法的側面に対応していない。この法則一般への関係とは、われわれの人間としての資格を根拠づけてくれるような関係なのだが、それは次のような仕方によってである。すなわち、法則が欲望を遠ざけるとき、法則が現れることによって産み出される苦悩が、カントが自律と呼んでいるもの、つまり、感受的なものの束縛とはまったく無縁な法的秩序に帰属していることの、一つの帰結に過ぎないことになる、という仕方によってである。しかし、このような断絶が決定的に成し遂げられたにもかかわらず、女性患者の夢はその断絶を信じていない。断念が無条件に命じられるということは、その断念がその名の下に命じられている原理のいかなる理想化に対しても、開かれていない。だからこそ、対象の置き換えは、第二の対象——美しい車を持っている——に置き換えられているのが見出される第一の対象——車を持たない——の一つの性格を保持することによって、断念を強制するような原理の理想化を避けるのである。断念は、愛の事実が、その事実を否定するかあるいは感受的な愛として追いやるようなある自律の法と分離されることなしに、実行されねばならないのだ。しかしそれゆえ、諸対象からなる系列性は、この夢においてはまったく姿を現さない。つまり、対象がすべて等価なものとして立てられるのは、それらが、諸事実を法に対立させるようなある法則によって追いやられてしまう場合のみなのである。逆に、分析された悪夢の中で、夢を見ている女性は一つの対象から別の対象へと移行することができるのだが、これは、彼女が想像的な推移と差異とを練り上げているからである。彼女は、ドン・ジュアンの言いまわしを言い換えて用いるならば、男性たちを一人ずつ〔un par un〕取りあげているのだが、欲望の算術はここでは、男性の英雄にとってとはまったく異なる射程を有している。つまり重要なのは、ある特異性から、喪失をしっかり確認しているような別の特異性へと移行することであり、これは、置き換えのユーモアによって喪失を軽減させつつそうしているのである。精神分析家たちが去勢と呼んでいるもの、つまり、われわれの欲望が全能ではなく、またこのことが悪夢としてわれわれの現場をおさえるという事実は、現場をおさえられるという不愉快なことを防いでくれる諸原理にわれわれの生がきちんと固定されたままであるために断念しなければならないものを、アプリオリに決定することを可能にしてくれるような存在のいかなる定式化にも、自然に結びつくということはないのだ。

したがって、次のように言うことによって、女性の非道徳性についてのカントの主張を発展させることができるかもしれない。すなわち、女性においては、われわれの欲望といった感受的なものの要求を制限することが問題になっているとき、先にみたような過程が、ある法によって諸事実に考慮が払われなくなるということなしに生じているのだ、と。言い換えれば、たとえ断念する必然性があるとしても、断念を命じるような原理の理想化は存在しないのである。そこで、事実とそれを判定する法との差異が、それ自身構築物なのではないか、と問うことができる。この構築物は、自律と呼ばれているある一つの断念を可能にしているという点で、たしかに興味深いものであるが、その「真理」においては、欲望のあるいくつかの組織化に関係している。すなわち、ある対象を実際に断念することが可能となるように欲望の諸対象を互いに交換可能なものとする方が得になる、そのような組織化に関係しているのである。このことから、概念の真理ではなく幻想の真理、つまり、その幻想が可能にしているある種の欲動の変容と不可分であるような幻想の真理が問題となってくるであろう。たしかに、男性にとってと同様女性にとっても、定言命法は知性の上では意味がある。しかし、それが命じられる場合には、必ずや、欲求というわれわれの感性的能力を遠ざけるという結果を伴うことから、次のような問題が生じる。それは、定言命法の諸々の作用点の普遍化という表現でもってその責務の力を説明するということが、欲求のいくつかの体系のなかで感受的なものを「そのつど」追いやると決めること、それも、命法とその命法がまるごと追いやるのを可能にしている経験的欲望との間の分離が「決定的〔une fois pour toutes〕」であることにすべてが凝縮されるような仕方で追いやると決めることに起因しているのではないか、という問題である。

ラカンが示唆していたように、カントとサドの間に共通の土壌があるとすれば、それは次のような観点から見てのことではないだろうか。すなわち、それは、感性的なものを決定的に追いやること、法はこのことによって樹立されるのだが、このように追いやることによってその無条件性が行使されるような法則の位置と、この試練が何度もそのつど、普遍的に、自己自身あるいは他者における欲望を遠ざけることによってくり返されることとの間での、特徴的な相関関係という観点である。

サドの『閨房哲学』や、モリエールの『ドン・ジュアン』、カントの『実践理性批判』を読むとき、われわれの目を見晴らせるのは、実のところ、欲望の対象の際限のない系列性と、絶対的なものとして措定された理想の名の下でのすべての対象という犠牲との間の、驚くべき相関関係である。この理想は、三者の場合において異なっている。サドにおいてはそれは放蕩者の快楽であり、それのためにすべてが犠牲とされること、すなわち、他者の同意やそれを経験する主体の愛着のすべてが犠牲とされることを正当化する彼の主張以外には、いかなる資格ももっていない。ドン・ジュアンの場合には、モニク・シュナイダーが強調したように[8]、世界全体という規模でそのつど〔au coup par coup〕女たちを征服していくことは、ある条項を伴っているのだが、それは、

「きれいな女」が系列全体を追いやることを命じる際には享楽を制限するという条項である。「きれいな女に望まれたら、おれの心がかりに一万あろうとも、そっくりそのままくれてやるよ」[9]（第一幕、第二景）。最後にカントにおいては、よく知られているように、「理性の事実」が、合理的な意志の秩序にわれわれを導くことによって、われわれの欲望をまるごと快と不快の領域へと差し向けるのである。この快と不快とは、いかなるアプリオリな規定も受けつけず、それらの特殊性故に等しく色あせている。というのも、それらは、一つの可能な人間世界の無矛盾的法則に対する素材として利用されうるという点によってのみ、道徳性の内に書き込まれるからである。

　これらの事例のそれぞれにおいて、犠牲という言葉が、無条件的なものの位置を、すなわち、無条件的なものが追いやっている諸々の項の系列的普遍性から離脱した位置を適切に描写しているのかどうかについては、議論の余地がある。この点については、注意深く検討しなければならないだろう。なぜなら、おそらくはこのことによってこそ、カントの厳格主義とドン・ジュアンの良俗に対する反逆とサドの平静さとが、互いに区別されるだろうからである。しかし、これら三つの解決が、普遍と、〈最高善〉の定義をつかさどっているような無条件的なものとに関する同一の論理によって記述されてしまっていることに注意しなければならない。このことは、女性、あるいは女性と同一化した男性が、哲学者たちの〈最高善〉、例えばカントのいう純粋に形式的なそれに準拠することなしに行動している、ということを意味するのだろうか。

注

1 E. Kant, *Observations sur le sentiment du beau et du sublime*, trad. M. David-Ménard, Paris, Garnier-Flammarion, 1990, p.126.（カント『美と崇高の感情に関する考察』、山下正男訳、カント全集第三巻、理想社、四一頁）

2 S. Freud, *Gesammelte Werke*, t. X, Frankfurt am Main, Fischer Verlag, 1946, p.215.（フロイト『本能とその運命』、小此木啓吾訳、フロイト著作集第六巻、人文書院、六三―六四頁）。【ただし、「本能」はすべて「欲動」に変更したほか、文脈の都合上いくつかの言いまわしを変更した。】

3 J. Lacan, *Le Séminaire*, livre XI : *Les quatre concepts fondamentaux de la psychanalyse*, Paris, Seuil, 1973, p.153.（ラカン、セミネール第一一巻『精神分析の四基本概念』、小出・新宮・鈴木・小川訳、岩波書店、二二二頁）この点に関しては、M. David-Ménard, *L'hystérique entre Freud et Lacan. Corps et langage en psychanalyse* (Paris, 1983, p.205.) を参照のこと。

4 J. Lacan, *Le Séminaire*, livre VIII : *Le transfert*, Paris, Seuil, 1991, p.325-326.

5 J. Lacan, *Le Séminaire*, livre XI, *op. cit.*, p.144.（ラカン『精神分析の四基本概念』、前掲書、二〇七頁）

6 【訳注】カントは論文『負量の概念を哲学に導入する試み』の中で、数学において用いられている負量、すなわちマイナスをつけてあらわされる量を哲学に導入し、それを応用しようと試みている。カントは、次のように記している。「一方が措定したものを他方が廃棄するとき、二つのものは互いに反対〔Entgegensetzung〕であるという。この反対に二種類ある。一つは論理的反対であって、これは矛盾ともいう。もう一つは実質的反対〔reale Entgegensetzung〕であって、これは矛盾〔Widerspruch〕とはいわない」（山下正男訳、カント全集第二巻、理想社、二二九頁）。本文において「実質的衝突

〔conflit réel〕」と呼ばれているのは、後者の関係のこと、すなわちプラスの量とマイナスの量との間の、互いに廃棄し合う関係のことである。

7 【訳注】命題論理学においては、論理的演算子として否定（〜でない）、選言（または）、連言（かつ）、含意（ならば）の四つがある。

8 M. Schneider, *Don Juan et le procès de la séduction*, Paris, Aubier, 1994, p.124-125.

9 【訳注】モリエール『ドン・ジュアン』、鈴木力衛訳、岩波文庫、一一頁。

第二章　サドとカントにおける普遍

サドは、人間の諸権利の哲学において思考されていない点を明らかにしたのだが、では、それはいったいどのような点なのか。このような問いに対して、サドの思想を、ロベスピエールやルソー、ドルバックといった彼の同国人たちのうちの誰かと対照させてみることができるかもしれない。というのも、いずれにしても、サドの思想は、「フランス人たちよ、共和主義者たらんと欲せば、あと一歩の努力だ」という、共和国の哲学の基礎を完全なものにすることを強く主張しているパンフレットによってでしかないにせよ、時折それらの人たちに明らかに準拠しているからである。よく知られているように、こうした「よりいっそう」とは、転覆させるということでもある。しかしながら、フランス革命の様々な法哲学における、情念的なものと政治的なものとの連関を捉えようとするのであれば、サドをカントと対照させることの方がより興味深い。なぜなら、こうした連関は、サドとカントの両者において、諸情念を教化する上で法則の普遍性がなしうることとなしえないことについて突き詰めて考察することによって、出来あがっているからである。尊敬の対象となっている道徳法則によって人間の意志は直接的に規定されるというカントの考えに、そしてまた、その動機が何であれ、行為と法則とのたんなる一致としての法という考えにあたるのが、『閨房哲学』におけるドルマンセの主張である。「法律というのは、個人のためではなく一般のために定められたものなのだ。だから法律は個人の利益とは永久に矛盾するのだが、それは、個人の利益がつねに一般の利益とは矛盾するからだ」[2]。政治と情念とを連関させるということは、カントにとって、特殊を一般のもとに外的に包摂することと内的に包摂することとを区別することである。サドにとっては、これは、特殊と一般との必然的で逆説的な分離をはっきり確認することなのである。では、サドが奨励している一般と特殊との間の、すなわち一方が他方をその法のもとに包摂することがけっしてないような二項間の奇妙な妥協的和議とは、一体どのようなものなのだろうか。そしてさらに、これらの項がそれでも関係づけられているのは一体なぜなのだろうか。

われわれが、サドを彼の同国人たちとではなくカントと対照させる第二の理由は、歴史的なものである。ジャック・ラカンは、『エクリ』に収められた有名な「カントとサド」という論文の中で、また『精神分析の倫理』についてのセミネールの中で、両者を比較するという道を開いたが、これは、精神分析家たちと同様に哲学者たちに対しても、多くの考えるべき事柄を提供している。このような読解によって、ラカンは結局のところ、行為についてのカントの哲学に向けられた一連の哲学的批判を引き継いでいるのだ。その批判とは、『精神現象学』においてヘーゲルが、そして『道徳の系譜』においてニーチェが行っている批判のことなのだが、彼らは共に、道徳における超越論的観点の純粋さなるものを問題にしている。ヘーゲルが示そうと努めているのは、能動的自己意識が、自らが普遍的なものをいくらか現実化させているのを心の底で知らずにいることはありえない、ということである。すなわち、自己意識とは反省性であり、事実と行為が自己意識にとって存在するのは、自己意識が、自らがそれらの普遍的価値として規定しているものに従ってそれらの価値をはかるかぎりにおいてのみなのだから、自己意識が道徳的に行為するとき、つまり、普遍的なものをいくらか感性的なものの中に移し入れつつ行為している者にとって、幸福の意識はけっして手に届かないものではないというとき、自己意識が幸福ではないということはありえない。そしてこのことは、カント的な義務の観念を破壊するのだ。また他方で、人間にとって行為するとは承認されるということであるから、人間の行為を、その行為がそれらによって承認の領野へと入っていくような行為の外的諸結果と、行為の意図とを分離することによって、分析することはできない。カントには、まさしく二つの普遍の概念が存在する。つまり、諸目的の支配——あらゆる人間が、そこで彼らの意志の共通の対象として理性を有するような世界という表象——は、承認の領域においてつねに二重になっており、その領域では、意図によって統御されている行為が、他人の眼差しのもとで、その行為の意図と実効性との間の矛盾という試練にさらされている。要するに、超越論的なものの中にいくらかの経験的なものが存在しているのである。

ニーチェはこれとは別の仕方でこの主張を確証しているのだが、それは、感性的なものを遠ざけるという否定的な契機を、定言命法の存在理由とすることによってである。「こう付言してもよいのではなかろうか？——ひっきょうあの世界からは、一種の血と拷問の臭いがまたとふたたび完全に払拭されることはなかった、と。（老カントにあってすらそうだ、彼の定言命法は残忍の臭いがする）」[3]。カントはこうした否定的契機を、法則に対する関係の原因ではなく結果としていた。彼にとっては、無条件的に命令を下すような法則によって責務の経験の原因となる、そうした感性的動機は存在しない。カントの構築物をひっくり返すことで、ニーチェは、法則が潔白ではなく残酷であり、粛清なき純粋さは存在しないと主張しているのである。これらの主題はよく知られているし、このような批判に対して、カントのテキストに基づいて反論する仕方もまたよく知られている。すなわち、ヘーゲルの批判が有効なのは、認識と思考というカント的な区別を無視する場合においてのみであって、ヘーゲルは実際、認識の概念を自己についての意識的な知に置き換えているのだが、これに対してカントにおける義務の意識は、事実に判定を下す思考であって知ではない。またニーチェの批判は、感性とは異なる起源を持つ法則による決定という考えに対してハンマーの一撃でもって挑んでいるのだが、カントのテキスト自身が誤りを犯しているその現場をおさえているわけではない、と。

「カントとサド」におけるラカンの選択

さて、ラカンは、定言命法の残酷さの問題に立ち戻り、ニーチェよりもさらにその近くにまで接近している。彼はこの回帰を、二重の認識論的条件のもとに記述している。すなわち、一方は、哲学的倫理学の〈最高善〉を、永遠に禁じられた欲望[4]の最高度の対象として解釈することである。カントはこの〈最高善〉について、不可能ではないが、現実の道徳的生の中にはけっして姿を現すことのないものとして要請されると述べていた。さて、もう一方は、命法において述べられているカントの道徳法則を、「すでに意味作用している何か」とすること、つまり、主体の欲望の構造を規定することによって主体の中に分裂を生じさせるようなものとすることである。カントならば、この分裂を感受的な諸々の利害関心と理性的意志との分裂として探り当てたことであろうが、ヤコブソンに従って、この分裂を言表された主体と言表する主体との分裂として定義することもできる。この二重の条件のもとで、ラカンはカント的道徳の決定的な射程を示している。すなわち、このような道徳は、〈善〉についての先行する観念にもはや立脚してはいないので、欲望の対象と道徳法則との間の関係を明らかにするだろう、ということである。道徳法則が定言命法において定められるのは、あらゆる感受的な対象を排除することによってのみなのだが、このことは実際、理性的な主体がその感受的な存在に対して行使するようないくらかの残酷さがなければうまくいかないのである。ラカンは、カントとサドとを、三つの段階において対照させている。すなわち、

一、サドとカントは共に、普遍の政治と、道徳に対するその関係について考察している。すべての人にとって、法則は妥当する。民主主義的共和国の観念を基礎づけるこの命題が、カントとサドの双方によって表明されているのである。サドにおいては、その命題は、「フランス人たちよ……あと一歩の努力だ」の中で、ある決まった文脈の中で姿を現している。それは、以下のことを示すことが問題となっているような文脈である。すなわち、民主主義社会にあって、誰も他人を自己の所有物とすることはできないとするならば、享楽に対する権利において平等であるということは、さらに次のことも含意しているのであって、それは、すべての人がすべての他者を享楽の一時的な道具にしてしまうことができ、さらにこの道具に苦痛が加えられるという条件がついてさえいるのだが、その理由は、サドがはっきりと述べているように「すべての人は享楽するとき専制君主である」からだ、ということである。それゆえラカンは、カントと同様サドをも、人間の諸権利の哲学を性格づけている「すべての人にとって」の先駆者と考えているわけである。

二、この「すべての人にとって」は、カントにおいては、道徳法則に対するその関係の無条件性によって定義されているのだが、このことはラカンに従えば、感受的なものを従属的地位に置くことを、つまり、無条件的なものそれ自体を出現させる残酷さという契機を、その前提としている。「この〈善〉が幸福として想定されるのは次のような場合のみである、ということに注意しよう。それは、この〈善〉が、これまでに述べたように、幸福に自らの条件を置くであろうようなあらゆる対象に逆らって、これらの対象が、原理上の等価性の内にあってその普遍的な価値がより上位であると認められるためにもたらすことのできる、何であれ不確かな幸福とは、対立しようとしている場合である」[5]。

三、義務を幸福と融和させるような〈最高善〉として理解されている物自体、ラカンはこの物自体が備えている到達しがたさという性格の中に、〈普遍〉が人間にとっての〈善〉の恐るべき代役となっていることのしるしを見て取っている。邪悪な至高存在は、法則が法則に従属させられている者の苦痛を生じさせているという事実によって、おのれが至高存在であることを示している。つまり、〈善〉が道徳の中でたんに要請されているという性格が意味するのは、感受的な対象の考慮が、法則の普遍化の形式が打ち立てられるために一切中断されねばならないということのみならず、さらに、法則に対する道徳的関係の中に一つの対象が存在しているということでもある。サドが暴き出したのはまさにこの対象であり、またこの対象は、カントの場合、〈物自体〉が潜在的であることによって遠くへ据え置かれている。つまり、道徳法則はすべての人に差し向けられているのだが、ラカンに従えば、そのことによって、サド的経験における拷問者と同じ地位を有するのである。この拷問者は、「すべての人」に対する拷問者であるという点で、法則と同じ非人称的中立性、同じ平静さを有している。ラカンは書いている。「ともかく、われわれは、カントの言うところによれば道徳的経験においては欠落することになるであろうような〈感受的な対象と理性の声との間の〉第三項を発見することになるだろう。それはすなわち対象であって、法則を実現させる上で意志に対してこの対象を保証するために、カントは〈物自体〉という思考しえないものへとこの対象を送り返すよう強いられるのである。この対象は、手の届かないところからサド的経験の中へと降りてきて、拷問者の現存在、Daseinとして暴露されているのではないだろうか[6]」。

ラカンに対して、人はつねに次のように反論することができるだろう。つまり、カントによって設定されている〈善〉の到達し難さと、ある民主主義社会においてすべての人がそれに従っているような拷問者としてサドが明らかにすることになる苦痛という原動力が控え目な仕方で退去していることとの間に、ラカンは同一性があると主張しているのだが、彼はその同一性を実際に示しているわけではない、と。他にも、先の引用文の中でラカンはヘーゲルがそうしていたのと同じようにカントを歪曲している、と人は正当にも指摘することだろう。つまり、カントは、法則は思考しえないと言ったわけではけっしてなく、〈物自体〉は認識しえないと言ったのであり、ラカンは、ヘーゲルと同様に認識することと思考することとの間の差異を抹消したことによって、カントが〈最高善〉を退去させたことの内にドルマンセの鞭がふるわれるのを見ることができるようにしているのである、と。

四、ラカンは、サドが、人間の諸権利の平等主義的理想へと引き下げられている〈最高善〉の隠された面を告知する、意地悪な至高存在を明らかにしたと述べた後で、最後の強権発動を行っている。それは、〈法〉――精神分析の象徴的な〈法〔Loi〕〉と、同様にまたカント的な道徳

〈法則〔Loi〕〉――を、拷問の道具によってつかの間にかいま見られたその共謀によって、最後の瞬間に救うということにある。「なぜなら、絞首台は〈法〉ではないし、〈法〉によって運搬されるということもできないからである。警察のもの以外の有蓋貨車は存在せず、ヘーゲルにならって人が言うように、警察は〈国家〉でありうる。しかし法はこれとは別のものであって、このことはアンティゴネー以来よく知られている」[7]。

ラカンの立場はここでは複雑である。つまり、拷問の道具と〈法〉とを唯一区別しているのは、ここでアンティゴネーの人物像に対して省略された仕方でなされた言及だけなのである。アンティゴネーの人物像とは、つまり、一方では抑圧的であり他方では倒錯的であるような〈法〉とは異なったある〈法〉の権限を主張するために、死の危険をも受け入れるということである。この点を指摘するために、ラカンは「カントとサド」という論文の中で、また『精神分析の倫理』についてのセミネールの中でも、『実践理性批判』でカントがあげている二つの例に言及している。これらの例は、すべての人が自らの内で、感受的な決定と道徳的命法とを必然的に区別しているということを、哲学者たる読者たちに示すためのものである。カントがひとまとめに取り上げているこれらの二つの例は、同一の論理構造を持ってはおらず、また、主体の分裂を同じ仕方で表現してはいない。すなわち、最初の例においては、女性と一夜を過ごすこと――カントは誰と過ごすのかを正確に記してはいないが、ラカンは美しい女性だと想像している――を提案されている一人の男性が問題になっている。ただしそれは、一夜を過ごした後に、絞首台が彼の悦楽の部屋の出口のところで彼を待っている、という条件においてである。第二の例は、同じ絞首台を登場させているが、異なるシナリオの中でである。すなわち、ある専制君主が彼の臣下の一人に、その臣下が復讐することを望むのに十分な理由のある人に対して偽証を行うよう求める。この裏切りを行わなければ、絞首台がその臣下を待っている。カントは次のように言う。この臣下は、自分がこの別の人を「売る」という誘惑に抵抗すると断言することはできないかもしれない。しかし、彼が人間であり、このことが、あらゆる条件づけられた存在の価値を中断させる命法によって、意志の直接的な決定をそのようなものとして打ち立てるのに十分であるからには、彼は、その誘惑に抵抗するという義務があることを必ずや思い浮かべるだろう、と。第一の例は、別な仕方で構造化されているように見える。というのも、その例は、感受的な利害関心と法則による責務との間の排他的な選言命題が含まれているわけではないからである。実際、カントに従えば、すべての人が欲望の要求を彼の中で黙らせることができるであろうが、それは、生命を保つためなのである。彼は、絞首台に吊されるよりもむしろ、自らの選択によって対象との夜を犠牲にすることができるだろう。すべての人にとって、情念を犠牲にすることができるのは、あるときは生命の利害のためや言葉の尊重のためであり、またあるときは生命の保存のためである。実際のところ、引用された最後の例は、解釈が非常に難しい。なぜなら、生命の保存を、『人倫の形而上学の基礎づけ』という有名なテキストが強調していたように、義務として、あるいは、人間は何よりもまず生に執着すると考えるならば欲望として、考えることが可能だからである。しかしながら、これらの二つの例を同質のものとしているのは、それらがそれぞれ、無条件的なものの本性がどのようなものであれ、ある無条件的な項が妥当しているような場合に、欲望の命令を自らの中で黙らせておくという人間の能力を明らかにしている、ということなのである。

カントに関するラカンの読解に関して、ここで暫定的に結論づけておこうと思う。すなわち、もし、哲学者にとって法則が、あらゆる主体を等価なものとするが、主体を分裂させる道具は持っていない一つの審級であるのに対し、精神分析家が〈最高善〉の到達し難さの内に「法の対象」があると結論づけるとすれば、それはまず、精神分析内部の理由からである。すなわち、ラカンは、欲望の対象が、主体を揺り動かす能力という点で、〈最高善〉が手の届かないものであるのと「同じくらい捉え難い」と主張しているのである。それでも、この対象が実質を与えられるときには、それは拷問の道具としてなのであり、拷問の機能から分離されるような〈法〉の唯一の位置とは、精神分析と同様にカントにおいても、アンティゴネーが示しているもの、つまり、感性的な欲望の彼方にある欲望という位置である。そうでない場合、つまり幻想の中では、サドが実権を握っている。別な言い方をすれば、欲望はその様々な実現において倒錯しているのであって、欲望は主体を一つの対象の前に置くのだが、この対象は苦痛によって主体を対象自身から追い立てるのだ。構造的には、あるいは真理の観点からは、この苦痛は以下の事実に対応している。それは、主体は〈他者〉の裂け目の点に、主体の欲望の諸々のシニフィアン、〈他者〉において疎外されているそれらのシニフィアンを組織化している不完全性の点に追いやられたも同然だ、という事実である。具体的にいうと、主体に対してこの裂け目の点が露になるのは、拷問者によって拘留されており、また法則の陰の面となるような一つの対象が、苦痛の中で、主体に、主体自身が消失する点を主体として認めるよう強いる場合のみである。倒錯した主体とは、他者の拷問者の場所を占めることを恐れない者のことであり、またこの他者を、彼を衰えさせまた享楽するようなものの目の前に置き、第二段階では、つまり他者の苦痛の瞬間には、同一化することをも覚悟している者のことである。神経症とは、倒錯がその真理をなしているものの誤認である。この地獄の唯一可能な出口とは、アンティゴネーが立証しているように、〈法〉の名の下に欲望を放棄することであろう。もし、彼が時折、いくらか神秘的な言い方をしながら、結局は分析者の立場とアンティゴネーの立場を区別したのでなかったとすれば、これがラカンの立場であったことだろう。彼の言い方では、分析家の欲望は純粋な欲望ではなく[8]、このことによって、倒錯的となることとなしに分析の外部で実現されることがありうるような欲望とはいかなるものか、という問いが開かれる[9]。この観点からすれば、カントはサドではない。道徳的なものという主体の定義を導き出すような欲望の構造とはメランコリーであってサディズムではないということを、私はかつて明らかにした[10]。メランコリーな人は、他人に、彼が彼に悪を為すような法則の臣下であることを、苦痛の中で強く感じるよう強いることによって、あるいは、そのようなことがいつでも当を得ているという事実を享受することによって、自らの欲望を実現させるということはない。メランコリーな苦悩は、生の恒常的な原理との様々な関係へと変化する。たとえ、主体によって経験される苦痛が道徳法則に対する関係の内で構成的な役割を持っているということを両者が認めているとしても、カントの人間学はサドの人間学ではない。サドが、人間の諸権利の哲学における思考されていない点を指摘するのはどのようにしてなのかが理解されるのは、法則の中、あるいはカントの〈物自体〉の中にある対象を追いつめることによってではないのである。

ラカンによるこうした読解は、興味深いがいささか強引である。このような読解から出発するとき、われわれの注意を引くのは、カントとサドとの間の歩み寄りが可能なのは、普遍についての一つの道徳から出発する場合しかない、ということである。サドが暴露したものとは何なのかを把握したいのであれば、カントおよびサドにおける普遍性の構造について記述しなければならない。サドは、普遍性の一つの戯画を示すことによって、この普遍性という項に結びついているものの構成、そしてまた、カントもラカンも実際には明らかにしていないものの構成について考察せざるをえないようにしている。なるほど、ラカンは、法を特徴づけているような権利上の普遍性を、経験的普遍性から区別している。後者の普遍性は、フランス語では一般性と呼ばれることもあるが、ラカンは時折、サドが快楽において置き換え可能な諸感覚器官の多様性を問題にしつつ官能的な状態を描き出すときの表現を再び用いるならば、事物が「配置される」仕方のことをも、経験的普遍性と呼んでいる。しかし、同時に、ラカンは法の超越論的な機能の中にある対象を追いつめるとき、彼自身が別のところで打ち立てた区別を消し去ってしまうのだ。彼は、以下のことを示すとき、唯一、普遍性という哲学的カテゴリーに対してはっきりと距離を取っている。それは、あらゆる全称肯定命題、とりわけすべての人が法則に従うことを言表している命題が、その命題の言表そのものによる、法則を言表しまた自らの言表している事柄に対して例外となっている者の抑圧を前提している、ということである。しかしラカンは、カントとサドとの間の関係を考えるために、このような示唆を利用してはいない。

カントにおける普遍――この概念は複雑なのか、それとも不明瞭なのか

さて、普遍性は、カント自身において複雑なものである。それはまず、法則の無条件性を意味する。定言命法がすべての意志を直接的に規定するのは、それが、行為の経験的つまり特殊な諸条件を考慮に入れることなしに、何かを命じるからである。法則がすべての意志に関わっているということは、法則が、様々な行為を特殊なものとしている事柄の重要性を一時的に無効にしているという事実と相関関係にある。道徳的で法にのっとっている人格は、法則の無条件性と論理的に同時に成立するのだ。このような考え方が、人格の多数性を超え出てはいないかどうかを問うことすらできるだろう。そのような考え方に従えば、人間性とはすべての人において同一であり、ここでいうすべてとそれが含んでいる系列性は、人間なるものが様々な経験的個体性におい

て同じものであることに準拠している。『人倫の形而上学の基礎づけ』が、慈愛を、すべての人における人間愛として定義していたのは、まさにこの意味においてである。最終的には、法則の無条件性は普遍の系列性全体を消し去ることになるだろう。しかしながら、定言命法が述べられているような様々な形式を参照してみると、責務の無条件性は、カントにおいては、『実践理性批判』の簡潔な諸言明においてすらも、つねに「すべての人にとって」という系列的普遍性に言及することによって展開されているのである。カントにおける普遍の複雑さの中の最初のものと、次のこととが結びついている。それは、無条件性の観念が、行為の意図がそれに従うような形式的な試練を明示している判断の普遍的な量の観念とは概念的に区別される、ということである。さて、カントは、無条件性と系列的普遍性とをまったく同一視している。「すべての人にとって」というのが、それが絶対的なものによる決定という命令を課すことから、〈理性の事実〉の自然な解釈と見なされているのだ。このような無条件的なものと普遍との、相互的なしかし主題化されてはいない含意を利用している一文を引用してみよう。「しかるに、理性が法則（Gesetzgebung）を立てるために必要なことは、理性がたんに自分自身を前提する必要があるということである。何となれば、規則が客観的にかつ普遍的に妥当する場合はただ、ある理性的存在者を別の理性的存在者から区別するところの偶然的な主観的条件なしに理性が妥当するような場合だけだからである」[11]。この文は、かなり簡潔なものではあるが、実際、いくつかの重大な問題を提起している。

普遍と無条件性という二つのもつれた概念が、『純粋理性批判』では別々なものとしてはっきりと定められていたことに、まず注意しよう。系列的普遍性と無条件性との間の差異は、『純粋理性批判』の中でカントによって定義を与えられている。「超越論的弁証論」の初めのところで、カントは、われわれの判断によって、全体性でもあるような諸々の表象が、その判断の連鎖においてはっきりとした形を取るようになる、その仕方について考察している。「したがってわれわれは、理性推論の結論において一つの述語をある種の対象へと制限するが、それは、われわれがその述語をあらかじめ大前提においてその対象の全外延にわたってある種の条件のもとで思考したあとである。この完全な外延量は、そうした条件との連関において、普遍性（universalitas）と呼ばれる。この普遍性に直観の総合において対応するのが、諸条件の全体性（universitas）である」[12]。「すべてのxにとって」とは一つの論理関数であるが、これは推論において、直観における絶対的なものという表象、つまり、偽りの――というのも直観はつねに有限だからである――しかし避けることのできない表象を伴っているのである。

この区別が、理性の実践能力の分析においてどうなっているのか見てみよう。『実践理性批判』の初めの数ページにおいて問題とされているのは、以下のものの間の差異を定義することである。それは、ある行為を欲求する主体に対してそれを実現させることができるような因果の連鎖という観点から、その行為内容に準拠しているような行為の諸原理と、命法、つまり、意志に直接的かつ無条件的に命令する法則、すなわち主体があれやこれやを欲求するという条件のもとでつねに中断されたままである因果の連鎖を考慮せずに命令するような法則、これとの間の差異である。

理論理性にとって、無条件性は肯定的に、しかし条件法で定義されていた。[13] われわれに一つの全体性を与えてくれるのは直観にそなわる性格だったのである。しかし、直観は有限であるから、これは不可能である。実践理性にとっては、無条件性は否定的に、しかし直接法で定義されている。すなわち、自律としての意志は、内容や主体の動機の諸々の差異からなっている意志の普遍性に対する制限が取り除かれる時、獲得されるのである。普遍性が獲得されるのは命法の無条件性と同時であり、それは、法則のこれら二つの性格をもはや区別する必要はない、といった仕方によってなのである。これらのものは、判断の量と表象されたものの直観的性格とがこれに先だって区別されていたようには、区別されてはいない。これら二つの性格は同一の領域に含まれており、もはやそれらが区別されていると言う必要すらないのであって、それはおそらく、われわれの行為の経験的直観の観点が中立化されているからである。道徳においては、われわれは、認識の課す制限条件の内にはいないので、われわれは、われわれの行為の道徳的性質を、厳密にはけっして知らない。したがってわれわれは、全体性〔universitas〕と普遍性〔universalitas〕との間の差異、すなわち、形式論理の規定と超越論的規定との間の差異に注意を払わなくてもよいことになるだろう。

全体性〔universitas〕として拡張された無条件性の概念が、それが理性的意志の、けっして実在的なものとして定立されることのない世界に関わる場合に、その意味を保持しているかどうかを問うことすらできるだろう。カントはこの問題を立てることなしに、この問題に答えている。

カントは、可能なものについて、理論哲学において厳密に定義し直すよう気を配っていたのであったが、実際には、その可能なものがここでたんに「矛盾しない」ことを意味することができるのはいかにしてなのかについて、けっして問うことがない。カントは、「矛盾の意味において不可能ではない」ということと「可能なものの内に数え入れることができる」との間の超越論的差異が、〈理性の事実〉が問題になっているときにはもはや存在理由を持たないということを、そのようにはっきり言わずに決定しているのである。われわれの行為の格率の論理的な試練によって、様相の超越論的批判は、厳密に言えば無効にされるのではなく、もはや行われないのである。ただ、この結果、無条件性の普遍に対する関係は不明瞭となり、カントの定式化においては、法則に対する関係のこれら二つの相は、あたかも一つのものであるかのごとくに、一緒にして引用されている。われわれがそこから出発した文の簡明さが、それを示している。「理性が法則を立てるために必要なことは、理性がたんに自分自身を前提する必要があるということである。何となれば、規則が客観的にかつ普遍的に妥当する場合はただ、ある理性的存在者を別の理性的存在者から区別するところの偶然的な主観的条件なしに理性が妥当するような場合だけだからである」。法則を能動的に産み出すこととは、理性がおのれ自身しか前提しないということであり、またそれが、普遍的に妥当するということなのである。

実際のところ、普遍はここでさらに別の複雑さによって損なわれている。この文の中には系列性が一つだけではなく、二つあるのだ。つまり、その形式を考慮することによって思考の内で取り除かれるべきであるような経験的差異が、規則の価値の中の普遍性の観念が意味を持つために必要なのである。命法が定言的なこととその適用の普遍性との関係の中には、明確ではない、何かぼんやりしたものが存在していた。しかしこのぼんやりしたものは、別の何ものかを包み隠している。立法的理性はたんに自分自身のみを前提すると言うために、カントはその絶対性を、諸々の主体の間の、偶然的と見なされた様々な差異を方法的に取り除くことと関係づけている。法則の定言的な働きが言表されうるのは、一時的に無効にしなければならない行為の偶然性および特殊性が言及される場合のみである。したがって、考慮されるべき二つの系列的普遍性が存在するのだ。つまり一方は、思考の内で、それぞれの行為内容およびそれぞれの特殊な動機を取り除かねばならないということであり、他方は、いかなる場合にも、また、意志のもっぱら形式的な規定によって関連づけられたすべての人にとって、妥当する法則が獲得されるということである。これら二つの外延量、すなわち、「偶然的な主観的条件なしに」ということで言われているそれと、「すべての人にとって」そのような法則が可能である、つまり矛盾してはいないという場合に言われているそれとがいかにして結びついているのかについて、カントはけっして問うことがない。

そこで、二つの系列性の間についても、論理的な結びつきをはっきり規定してやる必要があるだろう。格率を法則の定式のもとに置くということは、道徳的生の構成要素となっている——そのことのみが、実際、道徳的主体をその動機の特殊なもの、つまり偶然的なものから解放する—

―のだから、二つの系列性の差異を明確にしなければならないだろう。それぞれの経験的動機にとって、法則の形式面での試練が必要だ、と私は述べた。この試練に従うような諸々の行為の無限あるいは無際限という量は、必然的に、そのつどできあがってくるものである。なぜなら、行為の条件性とはまさにそのようなものだからである。「すべての人にとってこれこれの法則が矛盾なく妥当することは可能だろうか」において、判断の普遍的量は完成済みのものとして、あるいは所与のものとして表されているが、それでも事情は同じである。カント以後、そのつどその構築が抑制される諸項の級数〔série〕が、級数の構成の法則が規定されている以上そのすべてが与えられていると想定されている諸項の無限級数と等価ではない、ということを気づかせてくれたのは、直観主義論理である。カントはたしかに、彼よりも時代的に後になる、ブラウアーの仕事を知らなかった。[14] しかしながら、彼は先駆的な直観主義論理を用いていたのであって、それは、カントが「超越論的弁証論」の中で、「世界」と呼ばれている諸現象の間のあらゆる関係の級数としての無限級数にそって推論が行われる場合に、矛盾律および排中律は必然的ではないということを示しているときである。つまり、世界は有限である、あるいは、世界は無限である、という二つの命題が、共に同時に偽であることがありうる、ということである。さて、われわれが行為を従わせているそのつどの系列性と、法則が妥当する人たちの無限の量とは、無限級数の構成を考える仕方において異なっている。とすれば、『純粋理性批判』で多くの論理的に厳密なものをわれわれに教えたカントが、普遍の道徳および法の哲学を基礎づけることが問題になっている場合に、なぜ、かくも無頓着なのだろうか。たしかに彼は、実践理性の思考領域が理論理性の思考領域とは別な仕方で構成されているということを示すのに細心の注意を払っている。というのも、〈理性の事実〉は独特な事実であって、ある行為の道徳性について決定的な仕方で判定を下す必要はけっしてないからであり、人はここでは、認識の領域にはいないからである。しかし、カントが実際に打ち立てているそのような差異を受け入れているとしても、ここでは『純粋理性批判』のいくつかの成果が奇妙にも見過ごされているように見える。すなわち、それらの成果は、諸目的の支配、理性的意志の世界がそうであるような、現実的であると主張されることのけっしてない純粋に可能的な思考の場を構築する場合でもやはり妥当するにも関わらず、見過ごされているように見えるのである。

したがって、カント的普遍は、論理的観点から見て複雑である。つまり、その関係が明確なものとされていないような二つの系列性があり、また、意志全体を包み込んでいるような法則によるる義務の全体性〔universitas〕と、法則が適用されるような諸々の主体の普遍性〔universalitas〕との間に、正当化されることなしに立てられている等価性があるのだ。カント的道徳における普遍の論理は複雑であり、この複雑さは主題化されていないのである。

さて、この複雑さがどこにあるのかをつきとめることができるようになるのは——このことはまだ、それを思考することができるということを意味しないのだが——独立したテキストとして理解された『実践理性批判』を、サドの『閨房哲学』に突き合わせてみた場合のみである。実際、サドが行っているのは、もはや、カント的な道徳法則を無条件的な立場に据えることではなく、自身の離脱した立場によって、他のすべての人に、彼の快楽にとっては互いに等価であるような諸対象の地位を割りあてる、そうした唯一者の快楽を無条件的な立場に据えることにほかならない。カントとサドの間の共通点とは、普遍性が、これら二人においては、無条件性および系列的普遍性と呼ぶことのできるような二つの層から構成されているということである。サドにおいては、系列的普遍性は、一見、カントにおけるよりも単純であるように見える。というのもサドにおけるそれは、感性的行為の系列と道徳的人格の系列の間の差異を含まないからである。重要なのは、無条件的な項、つまり放蕩者の唯一無二の快楽と、諸対象の系列の間の区別のみである。無条件な項は、カントにおけるように法則そのものなのではもはやなく、他のすべての人たちを諸対象の系列に追いやる唯一者の享楽なのである。カントにおいては、無条件なものは法則の超越と一体となっていたのであり、またそれゆえに機能として現れてはいなかったにも関わらず、普遍性の二つの領域の区別は、その論理的あるいは構造的機能において現れている。サドはカントの戯画であるとつねに言われるのだが、それがどういった点においてなのかは明確にされていない。はっきり言おう。無条件的なものの位置を占めているのは、感性的な、あるいはカント的な意味での感受的な〔pathologique〕項である。なぜなら、サド的普遍は、基礎となる経験を尊敬せず、冒涜しているからである。それでもなお、無条件的な項の内容を変化させることからなる、フッサールの用語で言えば形相的変更[15]〔variation eidétique〕によってのみ現れてくる一つの不変項が、普遍が様々に形を変える中で存在するということに変わりはない。すべての他者が別の領域において系列へと構成されるためには、一つの無条件的な項が必要である。次のことを思い起こそう。絞首台の二つの例、すなわち、一方は感性的なものを犠牲にすることを、もう一方はそれを保持することを前提としていたような二つの例を、カントが同じ平面に置いていたとするならば、それは、その内容が理性的あるいは感性的のいずれであったにせよ、二つの例の共通点が、無条件的な項あるいは無条件性の機能を設けていることにあったからなのである。

サド的普遍に複雑さが存在するとすれば、それは別のところにある。〈共和国〉のそれぞれの主体は、「フランス人たちよ、共和主義者たらんと欲せばもう一歩の努力だ」によって描写されているサド的政体においては、対話の中で放蕩者の快楽がそうであるような、無条件的な項の場所を占めることができる。このことは、普遍性に関して、無条件的な項と諸対象の無限の系列との間の関係に対する反証とはまったくならず、むしろそれを確証している。各々の主体は、それらの対象を、置き換え可能で等価な諸対象の列へと追いやるのだが、それは、諸対象が、無条件的な項によって追いやられるという立場に据えられているからである。したがって、サドにおいてもやはり二つの形式による系列性が存在しており、それは、置き換え可能な諸対象と、放蕩な市民たちの平等の二つである。

政治的なものと情念的なものとの連関は、性愛的なシナリオの特異なもの、無条件的なものが、法‐政治的なプログラムの「すべての人にとって」となる、という仕方でつくりあげられる。それはあたかも、カントにおいて、それ自身としては道徳的だが超越性を失っている法則が、道徳的人格となったかのようである。この変容は、『閨房哲学』の二つの異質な部分を統一している。この戯曲、つまりユージェニーを放蕩へと手ほどきすることは、法則が一般に対して妥当し、特殊に対してはけっして妥当しないということによって成り立っている。その際、放蕩者の特殊な快楽が無条件的なものの位置にある。サドは、第五と第六の対話の間に、〈共和国〉の根本的な諸々の法についての一つのテキストを差し挟んでいるが、これは、すべての人が、自身の欲求を満足させるにあたって、無条件的なものの位置を占める権利があるということを強く主張している。これが民主主義的平等の意味なのであって、この平等は、〈国家〉と宗教との関係を、市民たちの享楽によって定義し直すことを命じるのである。

したがって、カントとサドとの間には二つの差異があり、これによってサドはカントの戯画となっているのだ。すなわち、サドにおいては、無条件的な項とは経験的な項であり、「理性の事実」の超越をもはや持たない。第二に、無条件的な項はさらに「すべての人にとって」の構成要素として捉えられている。しかし、この戯画は、諸項を普遍の構築におけるそれらの機能へと還元していることから、唯一、カント自身における構築物の論理的な足場を読みとらせてくれるのである。

実を言うと、『閨房哲学』に留まった後で『実践理性批判』を読みなおすことに同意するならば、さらに先まで進まねばならない。『閨房哲学』は、たくさんの哲学的議論を含んでいるにせよ、文学である。カントの著作は理論的なものであり、演繹的な形式を備えているとされていて、この形式が実践理性を基礎づけ、その超越論的な構成を理論理性に関連づけている。このことから、哲学の教師たちは皆、聴き手たちをこのテキストの理解へと導く際に、次のことを示すのが習慣になっている。それは、カントがこれに二年先立つ『人倫の形而上学の基礎づけ』において行ったこと、カントはそこでいくつかの例から出発して法則の超越論的な場を帰納的な仕方で規定しようとしたのだったが、こうしたこととは反対に、彼は『実践理性批判』では定理をたてている、ということである。人間の行為の分析は、諸原理と命法との区別によってなされており、このことは、道徳的命法の定言的性格と自由とを演繹するのに十分である。しかしながら同時に、つねに強調されるのは、カントがこのテキストの最初のところで、実践理性に関して、認識の理論の場合がそうであったように常識の批判から出発するのではなく、道徳的常識を正当化しているという事実である。幾何学的な仕方で〔more geometrico〕書かれたこのテキストは、そうであるにもかかわらず、道徳的常識の正当化を望んでおり、この道徳的常識を再び問題にすることはない。それは、すべての人は、彼の行為の感性的な動機とは違ったものとして道徳性を経験する、という常識である。

さて、サドを読むことによって、次のような事実がはっきりする。それは、『実践理性批判』が、それが望むようにまったく論証的であるが、文学のテキストと同様に一つのスタイルを持っているという事実、また、このスタイルのみが普遍にその機能を付与しているという事実である。私が普遍性の構築と名づけたものは、すでに見たように、論理あるいは構造上の規定によってのみならず、カントのテキストをサドのテキストに類似させているような、無条件的なものという一種のレトリックによって実現されている。それはまさしく、両者のテキストが共に、無条件的なものという同一のレトリックを用いているということである。さらに、サドにおいてこうしたエクリチュールの様式がはっきりしているからこそ、無条件的なものは、われわれがカントを読むときにそれを手に入れる際の怠慢から脱することができるのである。

対話の趣旨は、若いユージェニーが淫蕩への手ほどきを受けるということであり、たしかにそれは性愛的な諸々の行為によってなされてはいるのだが、しかし数多くの哲学的議論によってなされてもいる。ユージェニーには二人の教師がおり、それはサン・タンジュ夫人と彼女の弟の友人であるドルマンセである。ユージェニーはまだ彼とは知り合いではなかったのだが、彼は一同の中でもっとも哲学的であり、彼の淫蕩の厳密にソドム的な諸原理についてもっとも確固としている。ドルマンセは、カント風に言えばメランコリーにして崇高な人間の、淫蕩な等価物である。すなわち、彼は自分の原理に背くことはないのである。ドルマンセに比べて、ミルヴェル騎士は平凡な放蕩者であって、男性よりも女性を愛し、放蕩者の様々な快楽を激しくするために加えられる苦痛に対する無関心や意地悪さを公言したりはしない。二人の従僕もまた加わるが、彼らは、集まりのいくつかの場面を完全なものとするために友人たちが探してきた者たちであり、さらにユージェニーの母親であるミスティヴァル夫人が加わるが、彼女は自分の娘の残酷さの捕虜となる。ユージェニーは、実際、この遊戯の始めから、彼女の母親が死ぬのを見たいとはっきり言っていたし、母親が現れるとき、梅毒を持った一方の従僕によってこの母親は犯されるのだが、その後でユージェニーは母親の性器を自分の手で縫い合わせたのである。しかしながら、ユージェニーが自分に残酷な快楽に対するこのような好みがあることを発見するのは、「友人たち」の中の、彼女に対してもっとも逆らう者に気に入られるためでしかないことに、注意しよう。たしかに彼女は、母親に対する自分の憎悪に気づいているが、彼女がそれを思い起こすのは、ドルマンセに処女を奪ってもらうためでしかない。彼は、彼女と肛門性交をするのを最初拒むのだが、結局は、彼女が自分の母親を生贄にしたいと声高に力強く叫ぶただ一度きり、それに応じる。彼女が行うあらゆる努力にも関わらず、ドルマンセは、彼に嫌悪をもよおさせるような義務を騎士に託すことで、彼が彼女の女らしいところと呼びはしないものを、彼女に気づかせるのを拒むだろう。

こうしたことは、ドルマンセの述べた淫蕩に関する原理と行為との首尾一貫性を描き出すためのものである。「淫蕩以上に全面的な自由を必要とするような情念はなく、またこれほど横暴なものもないのだ[16]」。もし「フランス人たちよ…あと一歩の努力だ」においてその首尾一貫性から導き出されている政治的措置というのが、共和国の町に自由な空間を設置し、そこでは放蕩者たちの気まぐれのためにあらゆる被造物が提供され、彼らは自らの欲望の絶対的権力をふるうことでそれらを享楽する、というものであるならば、閨房の奥深くで繰り広げられる場面とは、〈共和国〉によってまだ正当なものと認められてはいないような、快楽の完全な独我論の初めての実践のようなものである。快楽が独我論的なものであるからこそ、快楽はそれが他人にもたらす結果に絶対的に無関心なのであるし、また、自らについて無関心であるようなたくさんのパートナーを要求するのであって、この無関心は、快楽の結果が残酷なものである場合にもっともはっきりする。途中でお気づきになることであろうが、これに比較することのできるような主張が、カントにおいて、彼が挙げている様々な例の大部分を通してなされていたのである。というのも、行為についての経験的な規定と純粋に理性的な規定との間の概念的差異は、理性的な規定の方が経験的な規定を「打ちのめす」とき明らかになるからである。

対話の中で、ユージェニーはのみ込みがはやいところを見せている。たしかに、彼女はサン・タンジュ夫人のもとで学び、この夫人は彼女に、とりわけ彼女の快楽の機会と対象の普遍性が若い娘の生活の唯一の規範であることから、家族や結婚、社会の規則をゆがめて、いかにして自分の自由を手に入れるかを、教え込んでいる。しかしながら、この普遍性はすこしばかり平板なものに留まっている。「やっちゃいなさい、要するにやっちゃいなさいよ。お前がこの世に生を受けたのもそのためなんだから。お前の快楽のためには、お前の力と意志以外に何も制限はないのよ。時と場所、相手を選んでいては駄目。すべての時間、すべての場所、すべての男をお前の快楽に役立てなければ[17]。でも、法律がまだ今みたいなものである間は、おおっぴらにはしないことね。世間がうるさいですからね。でもみんなの前では仕方なく守っているこのひどい純潔を、こっそりと埋め合わせすることにしましょうね[18]」。このように提示されている放蕩は、新しい哲学となってはいない。言い換えれば、サン・タンジュ夫人が強く薦めているような快楽の「普遍性〔universalitas〕」は、たとえそれが用法のいくつかを転倒させることを含んでいるとしても、規則の侵犯という契機を、単独なものとしての快楽の原動力そのものとしてはいないのだ。われわれはカントと共に、女性は無条件的なものについての感覚を持っていないと言うことができるかもしれない。たとえサドが女性の意地悪さを弁護するとしても、その意地悪さは、サン・タンジュ夫人のやり方においては、快楽の存在理由として現れてはいない。彼女はたしかに、数限りない快楽に対する唯一者の権利を主張しているが、その正当化は冒涜とはまったく別のものである。快楽に結びつけられた残酷さとは、放蕩な女性にとっては、まずは過ぎて行く時間の残酷さであって、これに対して彼女は快楽の際限のない量によって埋め合わせをするのであるから、残酷さが直接的に快楽の原動力となっているわけではない。「やっちゃいなさい、ユージェニー、ですからやっちゃいなさいよ、私の可愛い天使。お前の身体はお前だけのものなのよ。それを楽しんだり、お前の気に入ったひとに楽しませる権利を持っているのは世界中でお前一人なの。お前の人生の一番幸せな時間を利用しなさいな。私たちが快楽にふけることのできるこの楽しい年月はとっても短いのよ。もし私たちが、十分に楽しみを味わっていれば、歳をとってからも素晴らしい思い出に慰められて、楽しい思いをすることでしょう[19]」。

サド的世界で法則をなしている男性的淫蕩の語調とは、このようなものではない。そのような語調が現れているのは、他ならぬ、ドルマンセがユージェニーにふんだんに与えている教えの中においてであり、ユージェニーはこれを大いに楽しむことで、彼を誘惑している。「ああ、美徳など捨ててしまいたまえ、ユージェニー。美徳という偽りの神々ために払う犠牲の内のたった一つでも、冒涜することで味わうほんの一時の快楽に値するものがあるのかね。たくさんだよ、美徳は架空のものに過ぎないのだ（…）この一物から放出されるただのひとしずくの精水の方が、私の軽蔑する美徳のもっとも崇高な行為よりも、私にとって貴重なものなのだ[20]」。ここでは、たんに、特殊な快楽をすべての項の中の特異にして貴重な項とすることが問題になっているのではない。この特異なものは、あらゆる道徳的価値に対して加えられる冒涜によって、無条件的なものという価値を持つ。ドルマンセのスタイルは、つねにまた必然的に、涜聖を具現しているのだ。快楽の諸対象が無限の系列をなしているのは、放蕩者の快楽が、それらの対象に、それらが熱望していた事柄を失うようにさせるからに他ならない。精水の滴は、「もっとも崇高な美徳」に対する軽蔑の価格に見合うような宝飾品である。カントの言い回しを用いるならば、放蕩者の快楽は、美徳の「思い上がりを打ちのめす」ということになるであろう。したがって、犠牲となる多くの項なしには快楽は存在せず、ドルマンセの教えの中では、逢い引きの場にはつねに「犠牲」という言葉がある。

厳密な意味での冒涜においては、犠牲は神をその対象とする。そして、もしこの場合に、失墜させるべき対象が特異なものであるとすれば、放蕩者は、それを損なうという快楽のために神を再び据えるといった享楽の無際限な繰り返しを行うことができる。「私の最大の快楽の一つは、勃起しているときに神を罵ることだ。そんなときには、私の心は千倍も高揚して、この胸のむかつくような妄想の産物を嫌悪し、侮辱しているような気がするのだ。(…)そして、そんないまいましい考えによって、私が憎悪している冒涜すべき対象のくだらなさを確信するとき、私はいらいらして、せめて私の激しい怒りが何ものかにぶちまけられるように、幻影をただちに再び作り上げられるようになりたいと思うのだ」[21]。

唯一者の快楽の無条件性、上記のように代用にされた項の超越性を失墜させること、さらに、過度の冒涜において産み出されている諸対象の系列性、これらを論理的に結びつけることはもはやできないだろう。すべて〔tout〕とは、男性的享楽の言語なのである。対象は、多様であると同時に唯一者の快楽の道具なのだが、対象が犠牲になることのもう一つの側面は、もちろん、唯一者の独我論そのものにおける快楽の残酷さである。「他人が感じるものとわれわれが感じるものとを比較することはできないのだ。他人がどんなに多くの苦しみを味わおうとも、われわれにとっては何でもないが、われわれの感じる快楽は、ほんのちょっとした刺激があれば、われわれの心を打つ。したがって、われわれは、どんな犠牲を払おうとも、われわれの心には届かないような他人の多大な量の不幸よりも、われわれを大いに楽しませてくれるようなちょっとした刺激の方を好むべきなのだ」[22]。

この文は、私がそれを必然的なものとして描写しようとしているサドのスタイルの詳細をすべて表している。すなわち、

一、その特異性という性格において無条件的な位置にある項の離脱。その項はここでは、その極小量、つまり、強いられたたくさんの苦痛と対照されているほんのちょっとした刺激を肯定するという、逆説的な仕方で強調されている。

二、他人の苦痛からなる系列を追いやってしまうことの効果。この文は、それが初めに主張している事柄、つまり、唯一者の快楽と他者たちの苦痛とが無関係であることを打ち消しているが、そうした文の仕掛けそのもの。

三、無条件的なものと系列性とを結びつけている、犠牲という主題（「どんな犠牲を払おうとも」）。

こうした引用であればすぐにいくつも行うことができるだろうし、ドルマンセの長々としたせりふのほとんどすべてを引用しなければならないことだろう。また、次のように言うことができるかもしれない。すなわち、ドルマンセにとって、ユージェニーを教育することとは、彼女に、快楽を一つの至宝であるとするいくつかの言いまわしの手ほどきをすることなのである、と。そして、この至宝とは、様々な提案が調停されることで、軽蔑されるべき諸項の系列に対照させられるという逆説によって、輝かしいものとされる一つの項のことである。サドの普遍性のスタイルというのはこうしたものであり、これに対して、われわれは、『実践理性批判』におけるカントのスタイルをつき合わせてみるつもりである。

サドの地獄と呼ぶのが通例となっているものに忍耐強く留まった後で『実践理性批判』を読み直してみるとき、われわれは、このテキストの奇妙な構成に驚かされる。カントの足取りが、ここでは総合的かつ分析的であるということ、しかしながらまた、『純粋理性批判』が理論的常識に対して行っていた批判を行う代わりに、道徳的常識を基礎づけることが問題となっているのだということ、これらのことを言うだけでは十分ではない。カントのあらゆる注意は、自由に関する一つの思考の立場に向けられているのだが、この自由は、行為の規則においてもわれわれがやはりそれに属しているような現象的自然の諸法則によって打ち立てられたものと、両立することができないのである。さらにカントは、因果性と自由との間に矛盾は存在しないことを入念に示すことによって、自然によって決定されたわれわれの行為の因果的分析に、自由による因果性を並置する権利を自らに与えている。これはこれでよいとしよう。

ただ、意志の支配を諸々の傾向性の支配のすぐそばに置くために、またその際、これらが理論の上で互いに邪魔し合って、道徳的生がそれらの衝突という現実のおかげで存在意義を持つ、ということにならないようにするために、カントは行為をその自然性において記述することを提案しているのだが、そのような自然性はわれわれを驚かさずにはいない。彼が言うには、現象的観点からすれば、行為において唯一重要なのは、その行為を実行し、われわれの欲求の能力の対象である事物や状態を現実化することによって生みだされてくる快の強さが、どのようなものかを知ることである。別な言い方をすれば、われわれの行為に対してわれわれの概念が持っている唯一の手がかりは、その行為がもたらすであろうような快苦の度合いを見積もることにあるのだ。したがって、道徳的生においては、つねに結びついている二つの能力が存在する。このことにまず注意しよう。それは、諸事実を能動的に産出する欲求の能力と、主体が行為するときに経験するものの実在性の度合いを決定することによって、ある状態が主体にとってどのような仕方で実在しているのかを明らかにしてくれるような、快苦を経験する能力である。これらについてカントの行っている詳細な説明は、認識することの分析と行為することの分析とを両立させる役目を果たしている。というのも、行為の強さの度合いとは、カテゴリー表に記されている第二の質の諸カテゴリーに相当するからである。つまり、認識においては、対象が実在的なものとして把握されるためには、対象がわれわれの受容能力を触発し、感覚および知覚されるのでなければならないのであって、この知覚のアプリオリな規定という要素は、その実在性の、数学的に決定可能な強さからなっているのだ。実在性の一定の度合いにしたがって知覚された対象が、実在的なのである。これは、何ものかの実在性の規定における十分条件ではない——その存在が他の諸原理にしたがってもやはり規定される、というのでなければならない——が、必要条件ではある。定言命法はしばしば、因果関係において捉えられたわれわれの欲望が、それぞれ、その目的に達するために「とりかかる」のはいかにしてなのかを示すような、仮言的と言われる命法と対比させられることによって、提示される。しかし『実践理性批判』は、欲求能力の中心を、その強さの度合いによってのみ着想しうるような実在的対象の産出におくことで、この『批判』に先立つ様々な規定の強調点を移動させている。感受的に触発された意志は、必然的に、意志が現実化しようとしているものが産み出す結果を、この状態がもたらす快の度合いという観点から、予見しようとする。ところで、思考はこの試みに失敗するのである。ある対象なり状況なりがわれわれに対してもたらす快や不快の効果については、理性的に予見可能なものは何もない。幸福の観念については、それがわれわれの快楽の不明瞭な仕方で最大化したものであるとカントが批判したのは、この逆説の言表の一つの帰結でしかないのだ。「よしんば対象の表象が非常に異種のものであるにせよ、すなわちそれらが感官の表象に対して悟性の表象であり、理性の表象でさえあるにせよ、しかしそれを通じてかの諸表象が元来意志の規定根拠を形づくる快の感情は（この快の感情とは快適さであり、対象の表象から予期される満足であって、これが活動を客体の実現にむかって駆りたてるのであるが）、同一の種類のものである。それはたんに快の感情がつねにただ経験的にのみ認識されるかぎりにおいて同じ種類であるばかりでなく、またこの感情が欲求能力に現れる同一の生命力を触発し、またこの点に関してはあらゆる他の規定根拠からただ程度の上でしか相違がありえないというかぎりにおいても同一の種類なのである」[23]。二つの主張が肩を並べている。一方では、行為の諸原理を比較する、言い換えれば理解することができるのは、行為それ自身がもたらす快と不快の度合いによってのみである。他方で、この強さについては、何もアプリオリに予見することができない。「ところで、何かの対象の表象に関して、それがいかなる表象であろうと、アプリオリには認識できないことは、この表象が快とむすびつけられているかあるいは不快とむすびつけられているかどうかということ、あるいはどちらつかずなのかどうかということである」[24]。道徳性の創設者が、われわれの欲求の生を、カントが偶然性、偶然と呼んでいるものに任せるのを可能にしているのは、まさしくこれら二つの主張の結びつきであり、またこの結びつきでしかない。そしてこのことのみが、付随的に、法則の関わっている意志を行為の理性的な原理とする。道徳法則がすべての人にとって理性的かつ無条件的で、アプリオリに決定できるようなものとして現れるためには、次のように言うことができなければならない。すなわち、見込みの上での快と不快の秩序には恒常的なものは何もないのであり、また、それにもかかわらず、欲求の秩序においてわれわれの行為を規定しているものについて、われわれの思考が持つことのできる唯一の手がかりがそこにあるのだ、と。

少しばかり距離をおいて考えてみるならば、というのも人間の行為についてのサドの奇妙な思考がそれを強いるからなのだが、カントがやっているように感性的生に「枠を定めること」は、サドのそれと同じくらい奇妙なことである。いったいなぜ、われわれの諸々の行為を比較可能にしているのは、唯一、それらが産み出す快の大きさの規定だけである、と想定する必要があるのだろうか。質、すなわち強さという第二の諸カテゴリーへと意志を「つなぐ」のは、なるほど批判的建造物の内的な一貫性に対する配慮に合致しているのだが、われわれの欲求によってもたらされる諸行為の生を考える別の仕方は存在しないのだろうか。カントは次のように主張している。すなわち、われわれがそれらが現に存在しているのを感じたいと望んでいるような事物および状態の実在性について理性的に語るべき事柄とは、それらの予見不可能な強さがそれらを理解可能にしているということだ、と。しかしながら、もし偶然に、現実的な快の強さについて考えるのではなくて、感性的秩序そのものにおいて、われわれの欲求の能力が、それが目指している対象の実在性あるいは非実在性へと関係している仕方について考えるような、欲求についての学が可能であったとしたらどうだろうか。そして、快や苦を引き起こすことのできるものに対する人間主体の関係や、感受的に規定された主体の有機組織を統御している快や苦の過剰そのものを、アプリオリに規定できたとすればどうであろうか。

ご存知のように、これらの問いは、今ではサドからではなくフロイトから発せられている。これらの問いをたてることはまだしないでおこう。さしあたり、カントの人間学が持っている、必然的なものでないという性格に驚かされるのに、これらの問いを示しておけば十分である。欲求の能力は、別のことを考える必要がないような仕方で対象の実在性に関係しているということ、また、われわれの欲求の生が偶然的、つまり非恒常的であると同時に予見不可能であるということ、これらは自明であるように思われる。カントによって原理として与えられているもの――「快や苦がいかなる表象に付随するのか、誰もアプリオリに知ることはできない」――は、おそらく、すべては欲求の秩序において生じるといった言い回しをみだりに一般化することでしかなく、あるいはさらに、取り残された感性的存在が茫然自失してしまうような生のメランコリーの感情を、われわれの情動的経験の強さのアプリオリな決定不可能性という偽の原理へと変容させることでしかない。ここで強さを持ち出すのは、道徳性のみが理性的に決定可能なものであると言うことができるようにするためである。この後に続くカントのテキストはすべて、そのことを確証している。つまり、意志はそれが基礎を置いている法則によって規定されるということがまったく明らかな仕方で見出されるのは、快の獲得の偶然性と対比させられることによってこそなのである。

なぜ、道徳性を基礎づけるために、理性的な意志を論証の上で感性的生に対比させる必要があるのだろうか。それは、総合的かつ演繹的なものとして示されているテキストの諸々の連関を検討してみると、上級の欲求能力の存在は厳密にはけっして証明されているわけではないからである。その存在が確たるものとなるのは、むしろ無条件的なものというレトリックのおかげである。この点には、注意を払う価値がある。快の程度、したがってまた幸福の程度を考慮することがアプリオリな決定を含まないということを「打ち立てた」後で、カントは以下のように付け加えている。「それゆえ、いかなる上級の欲求能力もまったく存在しないか、あるいは純粋な理性がただ自分だけで実践的でなければならないか、すなわち何らの感情も前提せずに、したがってつねに原理の経験的条件である、欲求能力の実質としての快適なもの、あるいは快適でないものの表象なしに、すなわち実践的規則のたんなる形式によって意志を規定することができねばならないのかのいずれかである」[25]。ここに見られるように、上級の欲求能力など存在しないと主張することをわれわれに禁じるものは何もないのであり、そのような主張こそまさにサドの行っていることである。実践理性の定理は演繹的であるように見えているが、実践理性はけっして演繹されてはいない。テキストにおいては、このことは一方では脈略の統辞法的な特徴によって、また他方ではスタイルによって、はっきりしている。すなわち、

一、カントは、法則による意志の決定の独立を打ち立てたいと望んでいるにもかかわらず、彼がそれを言表することができるのは、別のものつまり快の度合いというたんに経験的であるような規定について語ることによってでしかない。「何らの感情も前提せずに」という文句が思い起こさせているのはこのことである。文の構成は、ここでは、前のところで普遍の無条件的および

系列的な諸々の構成要素の間の関係について考察したとき、私が引用した最初の文と同じものである。「理性が法則を立てるために必要なことは、理性がたんに自分自身を前提する必要があるということである（…）ある理性的存在者を別の理性的存在者から区別するところの偶然的な主観的条件なしに（…）」[26]。実際、こうした定式においては、後の文が、前の文が定めていることを打ち消している。もし、道徳的意志において理性はたんに自分自身のみを前提するのでなければならないというのが本当ならば、理性は、自分とは異なるものを追い払うためにそれについて語る必要などないはずである。引用した文の中で、「何らの感情も前提せずに」という表現は、道徳性についての論述のカント的方法がけっして総合的ではないということをそのつど証拠立てている。なぜなら、引用文の「〜なしに」を含んでいる文の部分は、演繹的たらんと望んでいるような歩みの中で帰納的な歩みを再び取り上げている、つまり、『実践理性批判』の中で『人倫の形而上学の基礎づけ』を再び取り上げているからである。

二、この結果、カントのスタイルにおいては、様々な例を用いることによって、道徳法則がすべての人に対して彼の行為の感受的な諸決定と「はっきり対照をなしている」という事実が強調されている。そしてそこから、無条件的なものというレトリックが現れるのだが、これは、テキストでは、上級の欲求の能力が存在しないことがありうると思わせる有名な文の後で、展開されている。まず、絞首台の例とその二つの条項を思い起こそう。その情熱が満足を与えられたなら直ちに絞首刑にされねばならないとすれば、明らかに誰もが「肉欲の傾向性」を犠牲にすることができるだろう。そして、なされるべきでない偽証が問題である場合では、「そのことが彼に可能であることを、彼は躊躇無く認容するにちがいない」[27]。

第二の例。もし、あらゆる点で、正確に言えばその諸々の美点において傑出した執事が、あなたのところに推薦されてきたとして、彼は、発見されることなしにそうすることができると確信するやいなや、直ちに他人の金を自分ものであるかのごとくに使う術を心得ているとしよう。「そのようなとき諸君が考えることは、この推薦者は諸君をからかっているということか、あるいは正気を失ってしまっているということかのいずれかであろう。このように判明かつ截然と道徳性と自己愛との限界は切断されているのであって、もっとも平凡な眼でさえも、あるものが両者のいずれに属するかの区別を誤ることはまったくできないであろう」[28]。カントは一つのスタイルをもっており、彼はまったく素朴なのである。彼が、道徳法則について非常に明確な語彙を用いるとき、道徳法則は、熱狂と法外さの明証性といったいくつかの明証性の目をくらませる性格に関する彼の考察のすぐそばに、書き記されている。道徳法則は、すべての人にとって明証的であるが、目をくらませることはない。それは人を欺くことのない宝飾品なのであって、なぜなら、幸福あるいは実益の探求の「暗黒」とはっきり対照をなしているからである。「義務は明らかであり、利益をもたらすものは、測りがたい暗黒に属している」[29]。執事の例が暗黒を押しつけてくるということはほとんどなかったが、この暗黒は、感受的な生の偶然性を伴っていると見なされているので、義務の評価における明瞭さが際だつようにするために、引き合いに出されなければならない。義務の明瞭さというレトリックは、ここでは、われわれの経験の情感的性質のいかなるアプリオリな規定も存在しないという主張を裏づけているのである。

こうした明証性を、様々な例によって説明することで、目立たせなければならない。なぜなら、カントが出発点としていた、それに従えば上級の欲求の能力が存在しないこともありうるような最初の仮説、つまり先に引用した文の中の二者択一の最初の選択肢が除去されることはけっしてないからである。これらの例においては、道徳法則は宝飾品のように輝いており、それは『基礎づけ』のテキストも言っていた通りである。ただ、カントのいう無条件的なものはレトリカルな規定を有しており、これが、サドの無条件的なものとカントのそれとを類似させているのだ。カントのいう無条件的なものは、証明されているというよりはむしろ引き合いに出されている。その明証性は、理性的に打ち立てられた明証性ではけっしてなく、感性的な諸規定から離脱した立場にそれを置いている文の中で演出されているのである。同じ考えの別な定式化を、私はモニク・シュナイダーに負っている[30]。彼女によれば、もし上級の欲求の能力が理性的に打ち立てられたとするならば、それが感性的な利害関心の思いあがりを確証するのか打ちのめすのかについて言及する必要はないし、知る必要もないということになるだろう。したがって、実際、その能力は自分自身を前提していることになるだろうし、カントは留保つきで「たんに自分自身を前提する必要がある」と表現する必要はない、ということになるだろう。しかし、この能力は、けっしてそのようなことをしないのだ。

結論を述べることにしよう。私はここで、カントが述べていること、つまり、実践理性は道徳的常識の明証性を確証するということを繰り返しているに過ぎない、と言われるかもしれない。しかし、カントがそのように言うとき、彼はこのような確証を、つかの間のうちに定式化された仮説から分離している。この仮説に従えば、上級の欲求の能力が存在しないこともありうるのだ。『実践理性批判』の中に『基礎づけ』の演繹的分析が総合的に再び書き込まれていることは、最初に言明されてはいるが排除されねばならないものを、忘却するのに役立っている。他方でまた、とりわけ、法則の無条件性が打ち立てられるのは、われわれの行為の感性的規定について仮定された暗黒とはっきり対照をなすものというレトリックによってのみであるとするならば、このレトリックが必然的なのは、それが、道徳性を基礎づけるためにカントが用いている普遍の論理の暗黒について問いかけることをカントに免除させている、ということに起因するのである。無条件的なものが演出されることによって、無条件的なものと系列的普遍の「すべての人にとって」との関係について、および、この系列性とわれわれの行為の系列性との関係について考察することが免除されている。このわれわれの行為とは、法則の明証性によって感受的なものの決定不可能な複雑さと暗黒へと追いやられたことで、まったく等価であると見なされているようなもののことである。これらの関係の中にあって、カントによって明確にされないままとなっているものが、普遍に関して引き合いに出されている明証性を、その形成に関してほとんど明確にされないままに留まっている一つの構築物としているのではないだろうか。人間の諸権利の哲学の内には、思考されないものが存在している。自らが一つの構築物であるのを、その哲学が知るということは、大したことではないかもしれない。これについて考えてみなければならない。しかし、哲学は、この務めに集中することを好まないのである。

注

1 E. Kant, *Doctrine du droit*, in *Métaphysique des mœurs*, *Œuvres philosophiques III*, Gallimard, 1986, p.464-465.（カント『人倫の形而上学』、尾田・吉澤訳、カント全集第一一巻、理想社、四〇頁）

2 Marquis de Sade, *La Philosophie dans le boudoir*, Gallimard, «Clio», 1976, p.176.（サド『閨房の哲学』、佐藤春夫訳、未知谷、一二二頁）。【ただし、この書物からの引用については、文脈の都合その他の理由で、一部変更した。】

3【訳注】ニーチェ『道徳の系譜』第二論文第六章、ニーチェ全集第一一巻、信太正三訳、ちくま学芸文庫、四三五頁。（なお、原書では原注として J. Lacan, «Kant avec Sade», in *Écrits*, Seuil, 1966, p.767.が指示されているが、原注の指示している箇所、のみならずラカンの論文「カントとサド」全体にも、ニーチェのこの言葉は見当たらない。）

4 【訳注】原語はdésir。本書では、désirの訳語として「欲求」と「欲望」とを文脈によって訳し分けた。したがって、例えば本文で後に出てくるようなカントの「faculté de désirer」という場合には、カント哲学の訳語としては「欲求能力」が定訳となっていることから、あえて「欲望能力」と訳すことはしなかった。以下、注意されたい。

5 *Ibid.*, p.766.（ラカン、「カントとサド」、『エクリⅢ』所収、佐々木孝次訳、弘文堂、二五九頁）。【ただし、訳は一部改めた。】

6 *Ibid.*, p.772.（同上、二六六頁）

7 *Ibid.*, p.782.（同上、二七九―二八〇頁）

8 J. Lacan, *Le Séminaire*, livre XI : *Les quatre concepts fondamentaux de la psychanalyse*, Seuil, 1966, p.248.（ラカン『精神分析の四基本概念』、前掲書、三七一頁）

9 P. Guyomard, *La Jouissance du tragique. Antigone, Lacan et le désir de l'analyste*, Aubier, 1992.

10 Monique David-Ménard, *Introduction à la traduction de l'«Essai sur les maladies de la tête», de Kant*, Garnier-Flammarion, 1990, et *La Folie dans la raison pure. Kant lecteur de Swedenborg*, Librairie Vrin, 1990, chap. V.

11 E. Kant, *Critique de la raison pratique*, in *Œuvres philosophiques II*, Gallimard, 1985, p.629.（カント『実践理性批判』、深作守文訳、カント全集第七巻、理想社、一六〇頁）

12 E. Kant, *Critique de la raison pure*, in *Œuvres philosophiques I*, Gallimard, 1980, p.1033.（カント『純粋理性批判（中）』、原佑訳、カント全集第五巻、理想社、四〇―四一頁）。【ただし、フランス語訳を尊重して一部訳文を変更している。】

13 【訳注】フランス語の動詞の活用の叙法〔mode〕の一つ。条件法は、事柄が非現実な場合に用いられる。これに対して、数行後で出てくる直説法とは、事柄を現実のものとして表す叙法である。

14 J. Largeault, *Intuition et intuitionnisme*, Librairie Vrin, 1993.
【訳注】直観主義とは、排中律（いかなる命題であっても、それは少なくとも真か偽かのいずれかである）などを認めず、より純粋な論理形式で数学を構成しようとする立場であり、ブラウアーがその代表者である。この立場に従えば、真偽の検証が事実上不可能なものは「決定不能」であって、真とも偽とも見なすことはできない。本文にあげられている例の場合では、諸項の級数の構成法則が規定されているとしても、無限にある級数のすべてが与えられたわけではないので、諸項の級数と無限級数とは等価にはならないのである。

15 【訳注】「形相的変更」とは、形相ないしは本質を把握するために、ある範例の事実的契機を想像において任意に変更させることを指す。フッサールによれば、これは、本質直観の基礎をなすものである。

16 Marquis de Sade, *op. cit.*, p.218.（サド、前掲書、一五四頁）

17 【訳注】ここで、サドの原書には記されている一文（「禁欲なんて不可能なことなんだから、そんな美徳を守っていたら、権利を侵された自然がたちまち私たちに数知れない不幸を見舞って罰を下すわ。」）が、原文での引用において抜け落ちている。

18 *Ibid.*, p.83.（サド、前掲書、四六頁）

19 *Ibid.*, p.84.（同上、四七頁）【原注では、引用を示すページ数が次の原注と逆になっている。】

20 *Ibid.*, p.67.（同上、三二―三三頁）

21 *Ibid.*, p.113.（同上、七〇頁）

22 *Ibid.*, p.169-170.（同上、一一六頁）

23 *Critique de la raison pratique*, *op. cit.*, p.632-633.（カント『実践理性批判』、前掲書、一六三頁）【原注にはp.643とあるが、これは誤り。】

24 *Ibid.*, p.630.（同上、一六一頁）

25 *Ibid.*, p.635.（同上、一六六頁）

26 Cf. infra, p.29.【本書五五頁を参照。なお、ここでのダヴィド＝メナールの引用はやや不正確である。】

27 *Critique de la raison pratique, op. cit.*, p.643.（カント『実践理性批判』、前掲書、一七六頁。）【原注にはp.651とあるが、これは誤り。】

28 *Ibid.*, p.651.（同上、一八五頁）

29 *Ibid.*, p.652.（同上、一八七頁）。【ただし、ダヴィド＝メナールはカントの原文をかなり省略している。】

30 Décade de Cerisy-la-Salle de juillet 1994 sur *Le masculin : identités et dissémination*, sous la direction de H. Amigorena et F. Monneyron, Paris, L'Harmattan, 1997.

第三章　普遍についてのサドの捉え方

サドは、無条件的なものが、カント的道徳においては、ある理論的体系の中の一つの位置に還元されるということ、また、この体系の内容が必ずしも法則に対する尊敬であるわけではないということを、対比によって明らかにしている。これは、サドが、放蕩者の快楽の冒涜的な過剰さを無条件的なものの位置に置くと決めているからである。理性の事実は、われわれが先に見たように、カントが普遍的なものとして示している罪責性――女性はそれを知らないと一時は主張したにもかかわらず――の経験を、そして、おそらくは普遍的というよりもむしろ男性に特有のものであるようなこの罪責性の経験を、基礎づけることなしに形式化している。すると、これに伴って、サド的普遍は理性の事実の行った約束を守っている、ということになるのだろうか。

『閨房哲学』は、カント的思考の極限に位置している。それは、次のことを示そうとしている。すなわち、人間の諸権利という理念および道徳の形式主義は、場合によっては――そしてその形式主義はこのような場合を急いで遠ざけるのだが――法則を破壊する意志を随伴させているかもしれないのであり、このことは、カントには「まったくもって不可能である」ように思われていたにもかかわらずそうなのだ、ということである。

法則を破壊する意志は、普遍性の要求を伴うことができるだろうか。このような問いが、われわれがサドの作品を読む上での手引きとなるであろう。つまりそれは、ドルマンセがユージェニーとの次の対話の中で述べている原理が、どのように用いられているのか検証する、ということである。すなわち、

ユージェニー「でも、あなたが褒めそやしている不品行がすべて自然の中にあるのでしたら、どうして法律はそれに反対するのでしょうか」。

ドルマンセ「それは、法律が一般のためにつくられたものだからだ。だからこそ、法律は利益と永遠に矛盾するのであって、これは個人の利益が一般の利益と永遠に矛盾するからなのだよ」[2]。

『閨房哲学』全体がこの主張を例証している、と言うことができるかもしれない。[3]その例証は、次の二つの仕方によって順になされている。つまり、まず、芝居がかった空想が放蕩者の快楽を演出し、さらに、第五の対話の中に挿入されたテキスト「フランス人よ…あと一歩の努力だ」が、悪しき意志の格率を普遍化し、また、その結果生じる社会を描写するという仕方によってである。芝居がかった教育的な寓話においては、出発点は個人的な利害関心にあった。この利害関心が法

則の一般性と出会うのは、社会に実際に存在してはいるが快楽の論理にとってはまったく根拠のない障害としてのみである。それは、隠蔽による策略を用いて切り抜けられねばならない障害である。隠蔽は、それが関わっている放蕩者の人格の性質によって様々な形をとる。女性の場合では、隠蔽はとりわけ、結婚の様々な形式を尊重するような術に関わる。サン・タンジュ夫人が、ユージェニーに社会階級上の娼婦になるよう勧めることはまったくない。売春の原理の称賛を行うのはドルマンセである。夫人は彼女に、結婚の一般法則を尊重し、またそうしつつも、数多くの秘密の姦通によって事実上この法則にすっかり違反するようそそのかす。用心しておくべき事柄は、ここでは、二つの顔を持っている。それは、夫への忠実さと、一人の愛人の愛とである。前者は牢獄であるかもしれないが、後者もやはりもう一つの牢獄となるだろう。サン・タンジュ夫人に従えば、幸福の秘密とは、愛人を増やし、従僕を雇って秘密を守らせ、夫の求める性的幻想のすべてをすっかり受け入れるということである。なぜなら、このような心遣いは、公の夫婦関係が長続きすることを保証してくれることになるからである。ドルマンセの方は、隠蔽をもっと押し進めるよう提案している。彼は、自分が殺人者であったと断言する。その理由は、残酷さは全神経を揺り動かすものだからである。しかし彼は、彼がいかなる事情において殺人者であったのかという点に関しては、彼の友人たちにすら明かすことはないであろう。したがって、性別や気質によって変化する様々なやり方に応じて、区分が行われているのだ。すなわち、道徳的主体は、その価値が人間を普遍的に規定しているようなある法則に対して自分が過ちを犯していることにつねに気づいている、というカントの考えと対になっているのは、一方では一般諸法則に、他方ではそれらに暴力をふるうような傾向性に、二重に準拠すると宣言するやり方なのである。実を言えば、この、放蕩者の言葉によって翻訳された聖書の中では、たんなる一般と個別の分離が問題となっているのではないし、また、ヘーゲルが『精神現象学』の中で、世界についての道徳的な見方は理性的観点において不十分であると告発したとき主張していたような、思考を欠いた矛盾の全巣窟[4]の展開が問題となっているのでもない。サドによれば、彼の生を導く術の原動力そのものとは、「不和」、つまり相互に反感を覚えるような機会を増やすことによって、法則と個人的な利害関心との非両立性を高めることである。かくして、ドルマンセがユージェニーに対して行った宣言が明白となる。「とにかく、法律は、社会のためには良いものだが、社会を構成している個人にとっては甚だ悪いものなのだ。なぜなら、法律はたまたま個人を保護したり保証したりするというので、個人の生活の四分の三は、個人に窮屈な思いをさせ、また束縛するからだ。そこで、賢明で法律を大いに軽蔑している者は、ちょうど蛇や蝮に対してするように、法律のことを大目に見てやるわけだ。そいつらはひとを噛んだり毒を与えたりするけれども、時には薬として役立つのだからね。賢明な人間は、毒のある動物に対してと同様に、法則に対しても身を守ることだろう。そして用心したり、隠し事をすることによって、法律から逃れるのだ。こんなことは、賢明で慎重な者にとっては容易な事柄なのだよ。罪な事柄をいくつか空想して、魂を燃え上がらせるのだよ、ユージェニー。そして、あなたの女友達や私と一緒にいれば、安心して罪を犯すことができると確信するのだね[5]」。

したがって、パルマコンの技術が[6]、賢者の恩恵によって普遍と特殊とを結びつけているのだ。重要なのは、普遍と特殊との対立を、個人に嫌悪を感じさせるものを一時的に借用することによって、称賛することなのである。いかなる論理も、こうした振る舞いを裏づけてはくれない。というのも、論理が、放蕩者の創意に富んだ恣意に従属したままにとどまっているということが、まさしく重要だからである。サドの逆説とは以下のようなものである。すなわち、サドは、哲学を、哲学がおのれ自身を規定しているような言葉――ここでは普遍と特殊、欲望と法則という言葉――を用いて攻撃しており、またこうすることで、彼は、サドはカント的思考の論理体系の不整合を暴いているのだから、その論理体系に対して反駁しようとしているのだ、というように信じさせるのである。しかし、サドを読むことによって得られる利点とは、実際のところこのようなものではない。たとえ、悪の意志を矛盾なしに普遍化するような体系を構築するとサドが宣言しているとしても、実際には彼は別のことをしているのだ。そのもっとも嫌悪感を覚えさせるいくつかのページの中で、彼は、ラカンの表現に従えば、人が悪の内にあって幸福であることを思い浮かべるよう読み手に強いており、また軽妙な調子で記されたページの中で、不幸な意識の幻滅にユーモラスな調子でけりをつけてくれるような、法則とつき合う様々な術をつくりあげているのである。

一般に対して妥当する法則が個人を包摂することはけっしてないので、結果として、快楽についての記述の中には一般の偽物しか存在しないことになる。かくして、放蕩者の社会とは例外的な社会である。このことをドルマンセは見事に述べている。「狼はけっして共食いをしない、という諺がある。どんなに陳腐であろうと、それは公正なことなのだよ。だから、私をまったく恐れることはない。私は多分、悪いことをあなた方にたくさんさせてあげるつもりだが、あなた方にけっして悪いことをしたりはしないよ」[7]。したがって、共犯者たちの社会にしか淫蕩は存在せず、彼らの間においてのみ信頼や結託が持続することができるのだ。なぜなら、彼らは、快楽の特殊性と、快楽を実行するために法則を無視するばかりではなくさらに秘密の内に裏切ることの必然性とについて、互いに理解し合っているからなのである。

サドは哲学者か

しかしながら、サドには、原則的に演劇しか存在しないわけではなく、哲学もまた存在する。「私は至るところで同じ論理を約束した。私はこの約束を守るつもりだ」と、「フランス人たちよ…あと一歩の努力だ」の作者は呼びかけている。それゆえ、原則として重要なのは、革命家たちよりも首尾一貫しているということであり、また――有神論と専制政治との同盟関係を告発し、神の冒涜を享楽の手だてとして要求し、とくに近親相姦、盗み、殺人を合法化することによって

――より恒常的であるような、もはや同性同士の性行為を排除しないような社会を描写することである。一般に対して妥当する事柄が特殊に対してはけっして妥当しないという原理は、「フランス人たちよ…あと一歩の努力だ」において「裏返しに」描き出されている。実際、盗みや殺人などを許可するという法的措置を強く勧めるよりも前に、サドはつねに、個別的な観点から出発する場合にはけっして集団のために規則を定めてはならない、ということを思い出させるよう配慮している。殺された者にとっては殺人は悪であるが、サドに従えば、社会という尺度では、超過した人口を取り除くあらゆる手段が、それが中絶であれ殺人であれ、歓迎されるのは確実である。経済的な動機――社会が存続しうるのは、市民があまり多くなりすぎない場合のみである――が、ここでは自然に帰属させられた破壊的性格の弁明のための仕掛けとして役立っている。王国の権力すら、時折、いわゆる正義なるものが暴力に内在しているのを見破ることができていたのだ。「ルイ十五世は、気晴らしのために人を殺したシャロレに対して言った。余は汝を許す、しかし、汝を殺す者に対しても許しを与えるであろう、と。(…)要するに、殺人は残酷な行為であるが、これはしばしば必要であり、けっして悪事ではなく、共和主義者の国家においては大目に見られてしかるべきものなのである」[8]。

問題となっているのは、〈共和国〉の哲学をそれに固有の領域の上で打ち負かすこと、民主主義と平等とがいかにして実現されうるのかを示すことであるように思われる。サドの作品をこのように哲学的に読むことについては、彼の文面の中にその根拠を見出すことができる。例えば、驚くべき論証によって、彼は死刑の廃止を希望しているのだが、それは、暴力を犯罪における人間の感情的な暴力に限るよう勧めて、法によって創設される暴力を禁じることによってなのである。「なぜなら、法はそれ自体冷静なものであって、人間の場合には殺人という残酷な行為を正当化することがありうるような、様々な情念に動かされるということはありえないからである」[9]。実際のところ、もし、残酷さが善良さと同じく自然のうちにあるとすれば、法を残酷さの正当な起源であるとする主張はいったいどうなってしまうのだろうか。サドが市民たちに行うよう促している努力の斬新さを高く評価するとき、人は、彼の言うことに従おうという気分になる。あるいはさらに、サドがその帰結として、性的事象と政治との関係について検討している場合には、そうである。すなわち、享楽は専制的なものであり、享楽こそが、その自由を最大限に拡張すべき情念なのだから、「諸君が人間に、自然が人間の心の奥底に置いた横暴さを発散させるひそかな手段を与えない場合にはいつも、人間は自分の横暴さを発揮するために、周囲の事物にそれを振り向けるであろうし、世俗的な平和を乱すことになるだろう」[10]。してみると、サドは世俗的な平和を構築するもっとも良い仕方を提案しているのであり、この平和は、法の体系が通常は口を閉ざしている事柄を考慮に入れているのだ。それは、性的な対象を政治的な対象および活動性に結びつけるような換喩的関係である。法の心づかいに基づいた政治体制の創設に関して、他にも例をあげることができるだろう。こうした創設は、与えられた社会には単独性と同じ数だけの法が存在しえないという事実に対する、唯一の緩和策である。しかしながら、サドのこうした「賢明さ」は、彼の思考を特徴づけるのに十分ではない。なぜなら、同時に、サドのテキストはほとんど狂気の、恐怖を与える調子を備えており、一貫性を保とうとする彼の意志は悪魔的な色彩を帯びているからである。それは一体どのような点においてであろうか。おそらくそれは、アニー・ルブランが主張したように、サドが結果として、人間についての様々な幻想を取り集めており、それらがあらわに示すのはもはや「破滅の塊」のみである、という理由からばかりではない。さらにまた、むしろ次のような理由からでもある。すなわち、論理的な一貫性、共和主義者の哲学の場合よりもさらに完全な一貫性を保とうという決意が、結局は破壊の弁明へと転じているからであり、またこの弁明が、論理的たらんとする決意を吹き飛ばし、また、一貫性という秩序の中に導入されている様々な基準点を消滅させることをその帰結あるいは機能＝関数として――因数の次数は重要ではないが――持っているからなのである。つまり、一貫性が、思考にとっての絶対的規範という価値を持っているわけではないのだ。しかし、サドが、悪しき意志という前提に基づいて社会を構築するにあたって、論理的に事を行うつもりであると初めに述べているので、読者は彼の話を受け入れてしまうのである。さて、彼の話はたえず方向をそらされ、殺人、犯罪および母殺しの意志を主張することが、少しずつ論証の唯一の存在理由となってゆく。そして、読者に、享楽が問題であるときには享楽すること、殺人の残酷さの弁明を行うことが問題であるときには残酷さに与すること等を強いるために性的な「動機」として役立つような、ある文学的形式が問題になっている場合には、一貫性という基準がもはや導き手としての役割を果たさず、読者はテキストの迂回路の中へと連れ去られて、もはや自分がどこにいるのか分からなくなる。なぜなら、作者あるいは語り手は、自分の主張している事柄の中でたえず移動しており、唯一恒常的なのは悪の弁明であって、初めに主張されていたような、論理的たらんとする決意ではないからである。

あるいはむしろ、作者が自分の話の中でたえず移動しているという感じは、おそらく、サドの読者にとって、『閨房哲学』というテキストを受け入れることの極端な難しさと結びついているだろう。作者が移動しており一貫していない——例えば、彼は自然について、悪に対してと同様善に対しても無関心であるとか、別のページでは、本質的に残酷であるとか述べている——というよりもむしろ、読者がテキストによって手に負えない場所に置かれ、その読解の能力を麻痺させられていることの方が大きい。サドのすべてが、二つの所与の相関関係の間に収まる。つまり、『閨房哲学』を周期的にテキストを離れてマスターベーションすることなしに読むことはできないし、また、テキストの展開に関する総合的な観念を作り上げるのは、読み手を苦しませる機会を積み重ねて出来上がっているようなテキストの暴力の内に長い間留まるのでなければ、ほとんど不可能なのである。このようなことをするのは、読者に対して苦悩と享楽という結果を産み出せば成功であるようなこのテキストに対して、闘いを挑まなければならないからである。さて、この場合にわれわれがこの書物に読み取るシナリオは、「フランス人たちよ、共和主義者たらんと欲せばあと一歩の努力だ」によって発展させられている主題と完全に一致している。すなわち、重要なのは、あらゆる個人がすべての他者に享楽するよう強いることができるという平等を備えた体制を打ち立て、法律の中に、この平等が政治的平等の源泉であると書き込むことなのである。すべての市民は他の市民と同等である。なぜなら、享楽するときすべての人が専制君主であり、平等は、すべての享楽者に対して、享楽の専制主義が広がっていくにまかせることから成り立っているからである。このことは、市民‐享楽者の間の絶対的な交換可能性を前提としており、これは、放蕩者の立場における、性的諸器官の厳密な置き換え可能性に類似している。系列的普遍は、ここではそのもっともむき出しの表現をとっている。そして逆説的なことだが、その表現は、無条件的なものの持つ特権と結びついている。というのも、重要なのは、すべての人が自己自身の享楽しか知らない、つまり、すべての他者を彼の快楽の奴隷の列に追いやってしまう、そうした平等の状況を創造することだからである。そこから、近親相姦や殺人の正当化が望ましいとされるに至るのだ。これらの勧告を、どのように理解するのがふさわしいのだろうか。n番目の段階において、すなわち、法的秩序が糧としている様々な性愛的な原動力をかいま見せてくれるという事実としてであろうか。それとも、最初の段階において、すなわち、架空の寓話として、あるいは政治改革の計画としてなのであろうか。実際には、これらの問いは相対的な重要性しか持っていない。なぜなら、このテキストは読者に働きかけており、それはn番目の段階においてではないからである。つまりこのテキストは、暴力的なまでに巧妙な展開という外観を有している様々な醜悪な事柄について語ることによって、享楽することを強いているのだ。精神分析では、倒錯的と言われるような分析主体[12]において、享楽のシナリオがいかなる地位を持つかがしばしば問題となる。そのシナリオの複雑さと、享楽が自らのために道を切り開くのを邪魔するそのシナリオの必然性とは、享楽を時として妄想に非常に近い構築物とする。ただしそれが、性的存在という素材に限定されているような妄想であり、またその妄想が、その独創性が類型化していることから、一人一人の分析主体が持つ幻想の戯画となっている場合は別である。サドを読むとき、同じ問いが生じる。彼が、民主主義社会においてあらゆる市民がすべての他者に享楽の手段となるよう強いることができるような、放蕩な、広々として快適な空間を産み出すよう勧告するとき、次のような問いが生じる。すなわち、われわれは享楽の治外法権の巧妙な比喩を手にしているのだろうか、あるいは、残酷さのための残酷さの弁明の中で残虐な狂気を無条件に打ち立てるよう勧告することが問題となっているのだろうか、と。サドのテキストのエクリチュールは、ジョルジュ・バタイユの書いたものがそれでありうるような意味での幻想の展開以上のものであるが、それはまさしく、サドが、享楽の強制を現実のものとしているからであり、また、理性的思考の行使を、こうした暴力的要素の接近として定義しているからなのである。

実際、サドを読むとき、問題となっている事柄について覚える戸惑いが解決されるのは、力によってのみである。つまり、このテキストは、その時々に応じて享楽したり嫌悪感を覚えたりすることを強いるのであり、言い換えれば、いかなる読む自由も享楽に対して持ちこたえることのないような、人間のある部位を動かすのである。したがって、読むという経験のみが、このテキストの身分に関する、無限に注釈をつけることのできる曖昧さを超えたところで、このテキストが何であるかについて決着をつけさせてくれる。すなわち、享楽とは、かり立てなのであり、このことは比喩や移動ぬきにそうなのである。こうした主張は、発展させられているというよりもむしろ現実のものとされている。その内容が妥当するのは、たんにそれを明記することによってというよりも、思考の厳密さと読者たちの享楽のかり立てとの同化を強く望んでいる行為そのものによってなのである。もし、このテキストが、読者の内に、社会秩序の中にその場所を設置するのが問題となっているようなかり立てられた享楽という状態を産み出すためのーーそしてそのためには、書かれたものによる喚起で十分であるーー一つの仕掛けであるということが理解されるならば、もはや首尾一貫しないところなどないことになる。なぜなら、一貫性と非一貫性は、それらもまた、テキストの書き手と読み手とを結びつける妥協として規定されるからである。一貫性とは、たんに言表された事柄に関する一つの特性というだけではない。それは、書き手と読み手との間の戦略上の固定性という規則を維持している、一つのディスクールの体制である。非一貫性とは、書き手が、移動してゆく諸々の主張のおかげで、読み手を破壊的な享楽の螺旋へと導く働きのことであって、この螺旋は、ある性愛的な場面でユージェニーの母親を瀕死の状態に置くことへと行き着く。

サドの理論的なためらいが、享楽へと導くというその役割を明らかにするのは、自然と快楽とに備わっていると想定されている残酷さに関してである。テキストの論理と意味、その文学的な源泉といった領域においては、様々なためらいや一貫性のなさを指摘することができるであろう。こうしたもののおかげで、われわれはまず、次のように言うことができた。それは、サドは哲学者たちにまで遡ろうとしているが、そのサドの一貫性を保とうという決意が、実際には実行されていない、ということである。とりわけ、テキストは、自然と呼ぶのがふさわしいものについて、さらに、快楽とは独我論的なのか、あるいはそれは本質的に残酷なのかという問題について、ためらいを見せている。さて、これら二つのことは一体をなしている。すなわち、自然に帰属させられているもの——善悪に対する無関心、あるいは破壊に対する際だった好み——が、同様にまた、快楽の特徴的かつ曖昧なしるしでもあるのだ。では、快楽は他者に対して行使された残酷さとして捉えられているのか、あるいは、他者は快楽の独我論にとってたんに実在しないものなのか。お気づきのように、そこでは自然の場合と同じことが問題になっており、また、その問題は、残酷さの重要性に関わっている。この残酷さは、自然のあるいは快楽の働きの中の隣接した一つの現象でしかないのだろうか、それとも、自然や快楽の不正行為の存在理由なのだろうか。テキスト全体が、二つの可能性の違いを消し去ることによって、この問題を演出している。

サドがマキャヴェリやスピノザとは違うのは、まさしく以上のような理由からである。後の二人においては、悪の合理性を強く主張することが思考の存在理由にはけっしてなっていない。マキャヴェリにとって、悪と残酷さは支配の術に含まれるのであり、君主は、彼の臣下たちが自分を恐れるようにするために、それを用いることができるほうが都合がよい。つまりこれは、愛させることよりもすぐれた政治的戦略なのである。しかし、自然の残酷さを用いることが君主にとって役に立つのは、それに同一化されることなしに、すなわち、たとえそれを享楽していてもそれに「ふける」ことなしに、利用するというそのかぎりにおいてのみである。この享楽そのものが、権力の舞台の上では罠に変わってしまう恐れがあるのだ。なぜなら、目的はここでは残酷さを表現することそのものではけっしてなく、力関係の安定性を、善良さがそうしてくれるより確たるものとするために、残酷さの様々な源泉を活用することなのだからである。マキャヴェリのテキストが、政治における残酷さの弁明の上を横滑りしていくことはけっしてない。彼のテキストは、いく人かの君主に残酷さが存在するというありのままの事実から、また、熟慮の上でそれを用いることの様々な利点から、さらに行き過ぎてしまうことはない。同様に、スピノザの自然の地位に関して言えば、善悪にたいする無関心が、自然の破壊的性格の称賛にけっして変化することなく、はっきりと述べられている。すなわち、『政治論』の表現に従えば、大きな魚は小さな魚を自然の権利によって食べるのだが、このことが含意しているのは、たんに、善悪の観念は身体の諸情感の観念によって産出された不適当なものであり、自然をそのようなイメージで思い浮かべるのはふさわしくない、ということである。善悪は自然の中には存在せず、重要なのは、自然を、様々な意図をそなえていて、諸情感に従っている人間といっしょにおかしなことをしでかす審級にはしない、ということである。しかし、この自然の無道徳性という主張が、サドにおけるように自然の破壊の能力の説明へと変容することはけっしてない。倫理はむしろ、真なる思考の行使を望ましいものとするような、われわれの情念の能力を養うことにあるのだ。

したがって、サドが自然の概念に訴えていることは、他の唯物論的な思想家たちの考え方と比較してみた場合に、非常に特徴的なのである。彼のもっとも特殊な点とは、自然と性とを、あるいはむしろ――サドは性という言葉をわれわれとは同じ意味で用いてはいないので――自然と享楽の仕方とを、はっきりと結びつけていることである。マキャヴェリが、圧制を加えようとする君主たちの欲望と、圧制を加えられたくないという一般民の欲望について語り、スピノザが情念という古典的な言葉を再び用いていたところで、サドは享楽の傾向性、淫蕩、放蕩者の快楽について語るのであり、それらを、教育や法に対比させることで「自然の運動」と同一視している。快楽を自然的なものとするために、彼はまず、運動の機械論的な考え方を拠り所とする。これは、たしかに、自然という聖なる主人の観念を粉砕するのには役に立つ。「もし物質が、私たちの知らない様々な結合によって活動し動かされているのであれば、もし運動が物質に内在しているのであれば（…）そうしたことのすべてに関係のない動因を探し出す必要があるだろうか。なぜなら、そうした活動力は本質的に自然そのものの中にあるのであって、自然とは活動している物質以外のものではないからだ[13]」。しかし、この主題は自立したものではけっしてない。なぜなら、意図を欠いた運動の中にまず最初に数え入れられるべきなのは、あらゆる種類の性的欲望だからである。かくして、サン・タンジュ夫人はユージェニーに対して、彼女が、夫のスカトロジックな思いつきを満足させてやることで、いかにして結婚において彼女の自由を獲得したのかを示す。さらにドルマンセは、このような空想を風変わりなものだとするユージェニーへの答えとして、次のように付け加えている。「風変わりな空想などないのだよ、君。すべては自然の中にあるのだ。人間を創造したとき、自然は、顔がそれぞれ違うようにその趣味も異なるようにしたいと思ったのだ。だから私たちは、私たちの顔立ちが多種多様であることに驚く必要はないし、私たちの好みが多種多様であることにも驚く必要はないのだ」[14]。

実を言うと、究極的な原理なしに活動している物質として理解されている自然と、享楽への様々な傾向という合目的性を欠いた多様さとして理解されている自然との間には、ある媒介物が存在する。それは、生命の諸運動であり、これらもまた、空想上の産物に過ぎない神聖な創造物に結びついている、あらゆる合目的性から解放されている。「われわれが、自然学の法則や秘密を教わって、繁殖という原理を発展させ、また、この物質的な仕掛けが小麦の種の成長以上のものではないことが明らかになって以来、われわれは人間の過ちについて自然に訴えかけてきたのだ」[15]。このような自然への訴えかけが保証してくれるのは、生殖が、創造物に対する神の何らかの権利を内に秘めているわけではまったくない、ということである。生殖の法則において偶然性が支配権を握っているとすれば、それは、人間が爪という自分の身体の付属物を処分する自由を有しているのと同じように、自分のことを自らの産出物の主人であると感じることに対する一つの理由となる。この帰結として、子供たちと、われわれの身体から出る廃物との間に平行関係が打ち立てられるのだが、これについては置いておくことにして、ここではただ、生きている自然と生殖の神秘なき性格に言及することで、自然は創造するのと同じだけ破壊するのだということが、ただ自然学的世界のみによってよりもずっとうまく明らかにされているということを指摘しておこう。これが、自然の名の下に、運動している物質についての自然学と享楽についての理論とを関連づける鎖の環なのである。つまり、生物学は、われわれが快楽において破壊することを享楽するように、自然は破壊するということをわれわれに保証してくれるのだ。享楽は自然的であるが、それはまさしく、享楽は生命と同様に破壊的なものだからである。そしてこの生命は、人間がそれについてあらゆる権利を有しているような偶然的な仕組み、つまり、まずは殺人によって、いわんや幼児殺しや中絶によって、生命を中断するという仕組みによってのみ、永続的なものとなるのである。

サドの沈黙――快楽は独我論的なのか、それとも断固として残酷なのか

自然学的な理論と、性的な諸「運動」についてそれらを善悪の彼岸へとただちに位置づける記

述とを、自然という言葉で結び合わせるという理論的態度によって、サドは西洋思想の他の唯物論的思想家たちから区別される。これは、自然とは享楽への衝動であり、またこのような資格においてこそ淫蕩は自然学および生命についての学に書き込まれるのだという考えを、彼があらゆる角度から提示していることによる。「証明」は相互に関連したいくつかの点を含んでいる。

一、自然と快楽は、善悪にはうといが、加えられた苦痛や破壊には特別な類縁性を持つ。
二、女性は、著しい程度にまで、快楽における残酷さという秘密を持つ。
三、ソドムは、快楽の最高の形式である。それは、斬新な意味での快楽の自然的性格を保証している。つまり、自然の破壊的性格の中に性愛的暴力を書き込んでいるのである。自然は、実際、生物における生殖の能力を大目に見ているにもかかわらず、結局はその能力をゆがめている点で、やはり自然的である。サドにとって、生殖しないとは、破壊するということである。

もし、独我論と研ぎ澄まされた残酷さとの間で理解された快楽という曖昧な観念——右に述べられた第一の点——を、サドの「倫理学」および形而上学にとって決定的なものであると考えるならば、サドの自然学と生物学、つまり、彼の哲学の二つの認識論的側面は、残酷さの倫理学を通過させる中継地として現れてくる。とすれば、右での第一の点が、他の二つの点を俯瞰する位置にあるのだ。サドの目的の真の一貫性がそこで重要になってくることは疑いない。すなわち、哲学が閨房の中で語られるということは、欲望の一つの構造——とりわけドルマンセのそれ——に対して授けられた特権が、それに論理的に先立つように見える概念的体系を支配している、ということである。したがって、快楽についてのサドの教説から出発することによって、テキストをゆがめてしまうことなしに、自然をめぐるサドの思想を提示することができるであろう。というのも、彼のもくろみもまた、この二つを同一視することだからである。しかしながら、体系としての彼の哲学を他の思想家たちのそれ、とりわけカントのそれと比較してみようと思うならば、放蕩者の快楽の教説を自然についての自然学的かつ生物学的な理論の中に書き込む、という説明の順序を尊重することが役に立つ。そこでわれわれは、発展させるべき第二の点、つまりソドムの重要性が、どのような点において、自然的生命についての認識論と残酷さについての倫理学との間をつなぎ合わせる役割を果たしているのかを、強調するつもりである。カント的自由が批判的建造物の要石をなしていたように、サドにおいては、ソドムが放蕩者の哲学の体系の要石をなしている。なぜなら、カント的自由が、自然に関する超越論的構成の理論の中に行為の理論を書き込んでいると見なされていたのと同様に、ソドムは、自然の理論の中に欲望の理論を書き込むと見なされているからである。もし、本書の第二章の読者が、カントの要石が、建造物全体を危うくするようないくつかの弱点を含んでいることを認めるならば、その読者は次のことを認めざるをえないであろう。それは、サドがカントよりも運がいいわけではないこと、つまり、自然という言葉への準拠がずれた仕方で行われているのに乗じて、サドが、彼が演出している放蕩者の欲望を暴力的に特権化するという文学的営み――おのれを提示することによって現れてくるあらゆる欲望と同様、おのれを産み出すこと以外の真理を持たないような営み――を、世界の体系へと変容させているということである。

そこで、定義された通りの自然の概念から出発してみよう。それによれば、自然とはまず、創造者や第一の動者にまったく依拠しないような様々な自然学的物体からなる仕組みである。[16] そして、もしこの自然という言葉が、道徳的評価全体についての一つの純粋な記述に従属しているような、快楽へと向かう傾向のすべての形式を規定しているのならば、それは、ソドムへの言及という媒介によってである。「人間がこうした空想のために尽くすことを、自然はまさに人間の中で望んでいるのだ。そして、自然がわれわれにこのような趣味を与えたのは、特に男のためなのだ」[17]。奇妙にも、享楽の極みとしてのソドムが引き合いに出された時から、テキストは自然という主題について叙情的になる。サドは、近親相姦に関して「自然の神聖な諸法則」[18]と語るまでになるだろう。そして彼は、ソドムに言及するやいなや、その自然を擬人化するのである。「こんなおかしな趣味は自然に反している、なんて言うのは馬鹿げているよ。自然が私たちにそれを吹き込んだのだから、どうしてそんなことがありうるのかね。自然が、それをおとしめるようなことを指図することができるとでもいうのかね。いや、ユージェニー、そんなことはないのだよ。

人は、別の部位でと同じように、お尻ででも自然のために奉仕しているのだ。それもたぶん、より聖なるやり方でね。繁殖は、自然が大目に見てくれているに過ぎないのだ」[19]。この最後の短い一文によって、われわれはサド的建造物の要石を手に入れる。繁殖は、自然が大目に見てくれているに過ぎない。このような主張は、対話の中で何度かそのまま繰り返されている――「繁殖は自然の目的では全然ないのよ。それは、自然が大目に見ているだけなのよ」[20]――が、それは、フロイトにおいてはそうであるように、欲動的なものを脱自然化することからなっているのではなく、また、性と自然とを区別すること――このことは、実際、生殖が性の規範ではないことを含意している――からなっているのでもない。そうではなく、サドにおいて重要なのは、ソドムは自然と同様破壊的だから自然的だ、と主張することなのである。自然を引き合いに出すことは、破壊とソドムの弁明という観点から行われているのだが、それは、自然は生殖しないからであり、また、破壊として考えられているからである。ソドムについてこのように論争するという状況の歴史的射程がいかなるものであれ、一八世紀にはそれは罪と見なされていたのであり、生殖しないとは破壊するということである、というサドの詭弁には、われわれもやはりただ驚くばかりである。この詭弁の理由は、テキストの中で明らかにされている。すなわち、鍛え上げられた残酷さによって磨きをかけられた快楽の諸運動に内属している暴力、そうした暴力を賛美することが重要であるからこそ、ソドムは暴力的と規定され、自然学的および生物学的な自然の中に組み入れられて、放蕩者の想像力が、回りくどい論証によって自然そのものの残酷さを描き出す程までになっているのである。この残酷さは、ソドムという気まぐれに役立つことで、人間という種の絶滅を目指していることになるだろう。「繁殖は、自然が大目に見てくれているに過ぎないのだ。自然が、その全能性の権利を奪うような行為を法則として定めたりするはずがないではないか。なぜなら、繁殖は自然の最初の意図の帰結に過ぎないのであり、もしわれわれの種が絶滅したら、自然は自らの手で新しい建物を作り直し、それが再び原初の意図となるのであって、その行為は自然の自尊心と力とをさらにいっそう満足させるからだ」[21]。だが、ソドムの非難をやめるために、生命の破壊と、有性生殖を経ない生物学的創造性とを思い浮かべる必要が本当にあるのだろうか。

いずれにせよ、なぜ、残酷さを行使する放蕩者の享楽を、かくのごとくに想定され、さらに全能であるような自然の中に数え入れるのだろうか。残酷さの行使が「彼の神経の大部分をもっとも揺り動かすもの」であることを思い起こさせればそれで十分ではないだろうか。サドの妄想の中には二つの契機が存在する。一つ目は、生殖しないことがすなわち破壊することであると想定しており、その際、それが誤った論理であることに気づいていないことである。二つ目は、いくつかの快楽の破壊的性格を破壊的な自然へと実体化していることであり、それらの快楽は、このことによって哲学的な高貴さを備えた文学になると考えられている。しかし、そうした破壊的性格が定式化されるのは、ただ、生命という隠喩によってのみなのであり、この隠喩は、快楽の破壊的性格に、それが喚起している様々な快楽に関する考え方の曖昧さについて問いかけることを免除させる。その問いかけとは、次のようなものである。すなわち、快楽は、快楽に関わっている諸対象に対して自らの産み出しているものを気にかけないので独我論的であり、またそのことによって二次的に残酷なのであろうか。あるいは逆に、快楽は、放蕩者が自分に似ていると感じる他者に対して行使される残酷さによって、獲得されるのであろうか。こうした問題を解明することがなければ、サドは、スピノザの言うところを借りれば、哲学者たちがいつもやっていることをしているのである。つまり、自分自身に盲目になることによってかきたてられる情熱的な論理を自然の中に書き込むと主張することで、自然を錯乱させているのだ。

別な仕方で提示してみよう。次のように主張したくなる。つまり、自然の神聖さがその破壊的性格にあることを引き合いに出すことで、サドは理性的な思考を働かせているのであり、彼は法哲学における自然の観念の役割をひっくり返し、またそうすることによって今度は自然を人格化しているのだ、と。こうしたことは、理論家の意図によってすっかり制御されたスタイルの一つの外観でしかないだろう。テキストにおいては、事情はまったく異なっている。自然に悪魔的な破壊的性格を帰属させるということが、放蕩者の欲望の残酷さの分析の位置に介入してくるのだ。悪を生命の本性の中に書き込むということは、サドの書物の真の主題である快楽の破壊的性格を定義することを諦めるということである。もし哲学者として振る舞いたいというのであれば、サドは悪に対する享楽の関係について見解を表明すべきであっただろう。以上のようなものの代わりに入りこんでくるのは、回り道としての、あるいは唯物論的な形而上学気取りの隠喩としての、生命の理論である。ソドムの弁明は、実際には、この漠然とした滑り込みの道具なのである。生殖しないとは破壊するということである、というのは、一体何を意味しているのだろうか。ソドムの享楽には、そのことの完遂である快楽のかり立てが存在する、ということだろうか。あるいは、子孫を持たない人間は、生殖を正すべき過ちとしてしか認めないような、生物学的な自然について想定された破壊的性格に参与しているということなのであろうか。ソドムの弁明は、ある混乱した仕方で二股をかけている。そして、先に示唆したように、この混乱によって快楽の本性は結局規定されることがなく、理論家たるサドは、快楽と悪の関係をすっかり明らかにしようという意志によって突き動かされているものの、解決にたどり着くことはないのである。サドの言うところを聞くことにしよう。殺人を自然の中に書き込み、さらにまた幼児殺しや中絶をもそれに加えることによって、ドルマンセは快楽に固有の残酷さへと到達している。「私たちのやり方が、私たちに奉仕している相手の気に入ろうと気に入るまいと、そんなことは知っちゃいない。大事なのは、私たちの神経の塊を、できるだけ激しい衝撃によって揺り動かしてやることだけだ。ところで、苦痛の方が快楽よりもずっと激しく作用を及ぼすことは疑いないから、他人に生じたこの苦痛の感覚が結果として私たちに与える衝撃は、絶対により強烈な振動になり、われわれの内部でより力強く鳴り響いて、動物精気をより激しく循環させるだろう。そしてこの動物精気は、それに特有の逆行運動によって身体の下部へ向かい、快楽の器官をただちに燃え上がらせ、快楽の準備をさせるのだ」[22]。他人に生じたこの感覚が結果としてわれわれに与える衝撃云々というのは、かなり巧妙な描写である。つまり、苦痛は、それが他人に対して加えられたときこそ、それを加えた者にとっての逸楽へと変化することができるというのである。しかし、この快楽の特殊性を分析する代わりに、サドはそこから世界の一つの体系を作り上げている。「つねに私たちに大いに楽しむことを勧め、それ以外のどんな運動もひらめきもけっして植えつけることのない自然が、次の瞬間に、前例のないような一貫性のなさでもって、もし他人に苦痛を与えるようなら大いに楽しもうとしてはならないなどと、私たちに断言するということがありうるだろうか。ああ、そうじゃないか、ユージェニー、私たちすべての母である自然は、私たちに対しては私たちのことしか語ってはくれないのだ。その声ほどに利己的なものは何もない。その声の中に私たちがよりはっきりと聞き分けるのは、自然が、誰を犠牲にしようとも、私たちが大いに楽しむことを許すという、変わることのない神聖な教えなのだ」[23]。このテキストの方針変更をたどってみよう。他者が苦痛を感じ、その後で放蕩者がその余波を快楽として享楽することができるようになる、という、他者に対する不条理な関係についてのかなり細かい分析から出発して、テキストはさらに、母なる自然の中に、単純化された利己主義を投影している。この利己主義は、放蕩者を、彼がしていることの呵責から解放してやるのだが、同時に、破壊という宇宙的な力の中におのれを解消させてしまうことで、それ自体としては一つの真理とはならなかった彼の行為の特殊性を解消させているのである。

結論を述べよう。もし、サドの目標が、彼が専制主義と名づけている、また、その諸対象と、快楽と残酷さとが混ぜ合わさった関係を結んでいる、そのような快楽のある一つの方向へと接近することであるとすれば、『閨房哲学』は、サディズムと呼ばれているものの賭け金をしばしば理解可能なものにしてくれるテキストである。しかし、もしこのテキストが、欲望の暴力的な形態は本質的に破壊的である生命や自然に快楽を関連づけると信じさせようとしているのであれば、このテキストはもはや、自然を一つの全体として構築しようとして人が自然と呼んでいるもののの内に、母親殺しとして描き出されている憎悪という無条件的な対象を投影させることでしかない。快楽の残酷さを自然の中にあるものとすること、ソドムを、生物学上破壊的であるような一つの行為とすること、殺人や盗み、近親相姦を、想定されたそれらの自発性へと返してやることと、これらは、一般法則が快楽の特殊性と共存することができるのはどのようにしてなのかを説明することに貢献してはいない。むしろ、普遍の概念の批判を、無条件的なものの弁明の中に解消させており、この弁明は自然という言葉を利用することで思考を中断させているのだ。

このような資格において、サドのテキストの様々な限界は、カントのテキストの場合とほとんど違いがない。カントにおいては、自然の概念が『純粋理性批判』から『実践理性批判』にかけて変化していることを思い出そう。彼が批判的な妥協のなさを示していた時期には、カントは自然を、精神によって与えられたものの体系の厳密な相関項として定義していた。「自然（経験的意味での）を私たちは、その現存在からみた諸現象が、必然的な諸規則にしたがって、言いかえれば、諸法則にしたがって脈略づけられたものと解する」[24]。「自然」という言葉の意味に対することの必然的な制限は、カント主義と一体となっており、またそれによって、自然についての断固とした無神論的展望を開いているように見える。なぜなら、この場合の自然は、現象的なものであり、かつ、いかなる目的論も持っていないからである。さて、『実践理性批判』の中で、直観の所与に対する思考の状況と、常識の所与に対するそれとを比較しているとき、カントは、超感性的な自然の現実性について語る自由を自らに与えている。これは、批判の厳密さからすれば、カントはこの概念を、哲学的言説が現実的なものとしてはけっして立ててはならず、たんに矛盾していないものとして立てるのでなければならないような、実践理性の〈理念〉としてのみ考慮しなければならないにもかかわらず、そうなのである。カントが「超越論的弁証論」の中で、思考が、自我や世界、神について推論する場合の推論に対して向けていた注意のことを、われわれは知っている。このような推論は、諸々の命題を連ねることによって行われるのだが、そうした命題の中では、これらの概念が、時には思考の純粋な相関項として、時には誤って現実に存在するものとして立てられているのだ。三段論法の諸命題の連鎖の働きによって、純粋な〈理念〉に現実存在を認めるという、われわれの推論の人を欺く能力は、『純粋理性批判』においては、超越論的な錯覚の仕組みそのものであった。ところで、彼が「純粋実践理性の原則の演繹について」と題された章の中で超感性的な自然の概念を定義しているとき、彼はディスクールの戯れによって、これと同じ超越論的錯覚に陥っている。テキストは、続けて二度、われわれの道徳的行為がそれに関してのみ意味を持つような「事物の可想的秩序」に対する、道徳性の関係に言及することから始めている。この、事物の可想的な秩序とは、理性的意志の世界の観念のことである。以下のことに同意してみよう。つまり、この観念が、実際、一貫性を欠くことなしに、それのみが現実存在を認められることのできる自然の観念の傍らに場所を持つことができるのだ、と。「上のようにいうゆえんは、自由は、もしそれがわれわれに与えられる場合には、われわれを事物の可想的秩序の中におくものである」[25]からである。しかしながら、道徳法則はわれわれにこの可想的秩序についていかなる展望も与えてくれない、ということを注意深く明確にしているまさにそのときに、カントは、その法則が純粋な悟性界のしるしとなっており、「この世界を積極的に規定し、われわれにそれの重要な事柄、すなわち、一つの法則を認識せしめるのである」[26]と主張するのである。あたかも、われわれはここまで、金銀細工師の仕事に関わっていたかのようである。なぜなら、道徳法則、この〈理性の事実〉は、事物の可想的秩序が思考によって実在的なものとして立てられるということなしに、言い換えれば、直観に対して与えられるということなしに、義務の経験において認識されることができるとされているからである。しかしながら、続く文の中でカントは、文法的に言えば同じ仕方で構成されている文の中で、われわれを受動的に規定されている存在たらしめている感性的自然と、超感性的自然とについて語っている。この超感性的自然は、純粋悟性の世界として「規定可能」と言われているのみならず、「存在する」という動詞の場違いな使用のおかげで現実存在するものとされているが、このことがまさしく、超越論的な錯覚の仕掛けとなっている。これに続く文においては、前述の超感性的自然が、まずは義務的存在の相関項として立てられていたのが、最終的には存在するものとして立てられていることに気づかれることだろう。「この法則は感性的自然(理性的存在者に関するところの)としての感性界に対して、悟性界の、すなわち超感性的自然の形式を提供するはずである。しかしかの感性界のメカニズムを破壊することはない。さて、自然とはもっとも一般的な意味においては、法則のもとにおける諸事物の現存である。(…)そうして、それによって事物の現存在が認識に依存するところの法則は実践的な法則であるから、超感性的自然とは、われわれがその概念を自分に作りうるかぎりで、純粋な実践理性の自律のもとにおける自然にほかならないのである」[27]。

たとえカントが、この文において、超感性的自然とは一つの観念であり、現実的なものとして立てられることはけっしてないと言いたいのだとしても、彼が経験的な意味における自然と「もっとも一般的な意味における」自然との間に文法的な平行関係を作り上げているというそれだけの事実によって、後者の自然に、現実存在する一つの実在という不適当な地位が与えられていることになる。カントはわれわれに、錯覚を分解し、はっきりそれとして認識するやり方を教えてくれたのだが、その錯覚が、ここで文法および「存在する」という動詞の曖昧さと同時に意味論的な横滑りとによって、生じているのだ。現実存在の概念から秩序の概念が容易に区別されるということから、テキストは、「事物の可想的秩序」から、カント自身が示しているように、超越論的錯覚に容易に捕らえられてしまうような世界の概念へと移行しており、そして結局は、カントがその言説の内容によって行っている用心にもかかわらず、その形式によって、超感性的なものの現実存在を信じるようにわれわれを仕向けるような自然の概念へと移行している。信〔croyance〕が再び導入される際に利用されているのは、ここでもサドの場合と同様、自然という言葉なのである。自然は、聖なるものとして立てられているが、それは、自然は、サドにおいては破壊的なものだからであり、また、母なるものという表現をとる場合には、破壊されるべきものでもあるからである。逆に、カントにおいては、自然はわれわれの超感性的存在の要素そのものである。こうしたことは、実際のところ、われわれの取り組んでいる点に比べてそれほど重要なことではない。われわれが取り組んでいる点とは、次のようなことである。すなわち、カントが、自然という言葉のもとに超感性的なものの現実存在を再び導入するのは、まさしく、彼が実際に用いている普遍の概念に内属する様々な混乱に彼自身が気づいていないからである。また、サドが、破壊的にして破壊されるべき自然を、たとえあざけってのことであれ、再び神聖なものとするのは、まさしく、普遍と特殊との間の分離の逆説を再考すると心に決めていた、その計画をそれほど遠くまで押し進めてはいないからである。自然は、カントにおいてと同様サドにおいても、普遍についての思想家たちにあって思考されないままに留まっているものの症状なのである。

注

1　E. Kant, *La religion dans les limites de la simple raison*, in *Œuvres philosophiques III*, Paris, Gallimard, p.48-49.（カント『たんなる理性の限界内における宗教』、飯島・宇都宮訳、カント全集第九巻、理想社、五五一―五六頁）および *Doctrine du droit*, *ibid.*, p.586-588, text et note.（『人倫の形而上学』、前掲書、一八六―一八八頁）

2　Sade, *La Philosophie dans le boudoir*, *op. cit.*, p.176.（サド『閨房の哲学』、前掲書、一二二頁）。【ダヴィド＝メナールによる引用文は、サドの原文が一部だが省略されている。】

3　個体化の生物学と、単独者と法の道徳との交錯については、次のものを参照。Alain Prochiantz, *La Biologie dans le boudoir*, Paris, O. Jacob, 1995.

4　【訳注】cf. G. W. F. Hegel, *Phänomenologie des Geistes*, Hamburg, Felix Meiner Verlag, Philisophische Bibliothek Bd. 414, 1988, S. 405.（ヘーゲル『精神現象学』、長谷川宏訳、作品社、四一八頁）

5　*La Philosophie dans le boudoir*, p.176.（サド、前掲書、一二二―一二三頁）

6　【訳注】パルマコンとは、毒薬であると同時に治療薬でもあり、かつどちらでもないもののこと。このパルマコンの論理については、ジャック・デリダが詳しく論じている。cf. Jacques Derrida, «La pharmacie de Platon», dans *La dissémination*, Paris, Le Seuil, 1972.

7　*Ibid.*, p.116.（サド、前掲書、七三頁）

8　*Ibid.*, 249.（同上、一七五頁）

9　【訳注】*Ibid.*, p.209.（同上、一四六―一四七頁）

10　【訳注】*Ibid.*, p.218.（同上、一五四頁）（ただし、サドの原書では、メナールによって引用された箇所の最後の「世俗的な平和」のところが「政体」になっている。）

11 Annie Lebrun, *Soudain un bloc d'abime, Sade*, Paris, J.-J. Pauvert, 1985 et Gallimard, «Folio», 1993.

12 【訳注】ラカンの用語で、患者のことを指す。この言葉には、患者はたんに受動的に分析されるために分析家のもとに行くのではない、という含意がある。

13 *La Philosophie dans le boudoir*, p.70.（サド、前掲書、三五頁）

14 *Ibid.*, p.93.（同上、五四頁）

15 *Ibid.*, p.123.（同上、七九頁）

16 *Ibid.*, p.70.（同上、三五頁）

17 *Ibid.*, p.98.（同上、五八頁）

18 *Ibid.*, p.107.（同上、六五頁）

19 *Ibid.*, p.98.（同上、五八頁）

20 *Ibid.*, p.122.（同上、七七―七八頁）

21 【訳注】*Ibid.*, p.98.（同上、五八頁）

22 *Ibid.*, p.127.（同上、八一―八二頁）

23 *Ibid.*, p.128-129.（同上、八三頁）【原注にはp.84とあるが、これは誤り。】

24 E. Kant, *Œuvres philosophiques I*, *op. cit.*, p.946.（カント『純粋理性批判（上）』、原佑訳、カント全集第四巻、三三九頁）

25 E. Kant, *Œuvres philosophiques II*, p.658.（カント『実践理性批判』、前掲書、一九四頁）

26 *Ibid.*, p.659.（同上、一九五頁）

27 【訳注】*Ibid.*, p.659-660.（同上、一九六頁）

第四章　普遍を美の中に探し求める必要があるのか

ここまで、普遍性の概念を、その内的な一貫性、そしてまたその用法という観点から——その概念に影響を与えている様々な混乱を考慮しつつ——考察してきたが、これは、精神分析における性差についてはっきり理解するためである。さて、これから、芸術という領域を普遍と特殊という規律に従わせることが問題になっている場合の、性差の定義よりもむしろ、そうした場合に性差の果たしている機能について検討してみよう。このためには、『判断力批判』を、つまりやはりカントを読まねばならないのだが、しかしまた、この著作の様々な成果を、芸術における制作についてのもう一つのアプローチと対比させる必要もある。このアプローチが範としているのは、レオナルド・ダ・ヴィンチのある作品である。

なぜレオナルドなのだろうか。その理由は、彼が、自分の技法について極めて多くを語った芸術家だからであり、また、彼の作品に描かれている情景を彼が書き残したものと対照させることによって、絵画的技法とは何かを理解しかつそれと同時に美の中に普遍を探し求めるのは不可能であるということが、十分に理解されるからである。手始めとして、やや乱暴に次のように言っておこう。カントは、普遍という強迫観念によって、芸術において美と呼ばれているものの制作および熟視とは何かを理解することができなかった。もし、芸術的制作を記述できるようになりたいのであれば、普遍や特殊という言葉を用いるのを止めねばならない。なぜなら、それが問題となっているのではないからである。普遍の問題が的外れであるとすれば、芸術において重要なのは何か。それはもちろん、昇華である。したがってわれわれは、関心なしの適意〔satisfaction désintéressée〕というカントの概念を、昇華というフロイトの概念と対照させることになるだろう。このことは最終的に、芸術における様々な倒錯的欲動の運命へと立ち返ることを可能にしてくれるだろう。普遍と特殊という図式は、この運命についてはっきり理解することにおいても、やはり失敗しているのである。

『判断力批判』に関するこのような判断の乱暴さについて、最初に一言述べておこう。この著作は驚嘆すべき、魅力的な書物である。それは、カントが、それ以前に主張した事柄——対象の認識の有限性と、道徳性の必然的な厳密さ——を新しい基盤のもとに評価し直している思想上の一契機にほかならず、カントはその中で、われわれの経験と思考の多様化された統一性を主張することで、彼がこれに先だって打ち立てたものを捨てることなしに、その意味を変化させている。つまり、崇高の経験は、道徳的経験の美学的な〔esthétique〕代役として提示されており、美は、幸福の約束として特徴づけられている。したがって幸福は、芸術からと同じく道徳からも、それぞれ別々にではあるが互いに呼応し合っているような仕方で、切り離されているのである。構想力の働きは、図式論の束縛から解放された諸能力の関係の中に調和のとれた仕方で位置づけられており、またこのことから、図式論それ自体が、理性が自然学的認識において自らに課している拘束として、しかしまたあらゆる現実についての思考には属さず、おそらくは生命についての認識には属さない一つの拘束として、定義し直されている。主観的および客観的合目的性が判断の行使の中に再び導入されているが、それは、つねにそして依然として世界全体に関わっている自然という言葉の曖昧さに対して、そうしたものからは超然としている人間によって、一つの意味が再び与えられることによってである。この自然という言葉はまた、生命と美の中で、自然にそれを帰さないわけにはいかないある自発性を出現させる。自然がそうであるところのこの自発性を、芸術的天才は自然の不透明さそのものの中で引き継ぐことができるのであり、彼は、自然の構成に関するもっぱら自然学的な諸法則に還元できないような、まさにこの自発性という位置を占めることができる。認識において働いているアプリオリな諸原理は、それらの諸原理と同じ数だけの、必然的ではあるが範囲の限定された制約として現れる。この制約とは、認識とは別の仕方で包括の働きをするような、そしてわれわれを世界およびわれわれ自身と和解させてくれるようなわれわれの諸能力の様々な関係に対する制約のことである。なぜなら、多様な用途の中で、カントがしばしば述べているように、重要なのはつねに、認識に関わる同じ諸能力——感覚性、構想力、悟性および理性——だからである。これらの能力は、初めに、厳密な意味での対象の認識においで定義されたのであったが、それら自身はつねに——そしてわれわれ自身もまたそれらの能力と共に、つねに——理論理性と実践理性との分離という深淵の上にかけられた橋という、再び見出された平安の内にある。

要するに、多くの読者にとって、『判断力批判』はカントの偉大な書物であり、平穏をもたらす著作なのである。しかし、彼が、『純粋理性批判』以来失われたと考えられていた調和を再び打ち立てたということは、繊細さを備えたこの素晴らしい書物が正しいことを意味しない。そして、この書物が美を扱っているとき、それは正しくないのだ。なぜなら、芸術を認識と道徳に結びつけるために、そして理性をそのあらゆる状態において統合するために、その書物は量のカテゴリーを、そしてまた、そのカテゴリーに依存しているような趣味判断の普遍性の観念を再び用いているからである。そのやり方は、人間行為の記述の中で道徳性に関してすでに恣意的であったのに劣らず、美に関しても恣意的なのである。

関心なしの適意と、概念なき普遍

さらに別の言い方をするならば、カントは趣味を二つの表現によって定義している。すなわち、関心なしの適意と、概念なき普遍である（目的を持たない合目的性はここでは取り上げない）。

さて、この二番目の表現は、カントが一番目の表現の利点を利用するのを妨げている。「関心なしの適意」という概念は、実際、注意を引きつけることしかできていない。美しい事物が与える快感がそれによって成り立っているような、静かな平穏さを体験したことのない者がいるだろうか。真に重要なのが適意であることから、美学的経験が快苦を経験する能力としっかり結びつけられているのだが、これは同時に、われわれの欲望が、この快の中で変容を被ることを示している。この変容を、ラカンは少し前、セミネール第一一巻において、絵画の鎮静的、アポロン的な効果について語ることで定義していた。その変容は、見ることとの欲動のうちにある眼差しの探求を鎮静化する。「たしかに画家は目の糧としてなにものかをもたらしますが、画家は絵の前にいる人にその眼差しを放棄するように、武器を棄てるというような意味で放棄するように、促すのです」。離脱というこれと同じ現象を、カントは、美の経験の中では快はもはやその対象に愛着を持っておらず、その対象の実在性の問題には関心をもっていない、と言うことによって定義している。『ピレボス』の中で、混濁した快感と、純粋な快感、言い換えれば欠如の経験の後に続くのではない快感との間の区別がなされて以来、哲学者たちは、そしてまた彼らに限らずそれ以外の者たちも、このように変容された様態でのわれわれの欲望を探求してきた。ほかならぬプラトンが『饗宴』の中で、エロスと哲学の教育においては、われわれの欲望の対象の奴隷とならないために、ただ一つの対象からおのれを「引きはなす」ことで、美しい対象が多数現れた場合にはっきりとしてくる美の観念を捉えることが重要である、と言っていた。美の経験とは、ある対象に対する愛着が束縛ではなくなるような瞬間のことであるが、ちょうどこのとき、性愛的な魅惑はまったく乗り越えられていない。カントに従えば、美の諸々の技術のおかげで、われわれはただちに、われわれを引きつけているもの、結局はすべての芸術の評論家たちが性格づけようと努めたものから、自由になることができる。芸術において特権的な仕方で描き出されているある欲動の昇華というフロイトの概念は、精神分析の発明者において、これと同じ態度に相当しているとは言えないだろうか。昇華した欲動とは、目的の変容されている欲動のことである。つまり、もはや直接的で実効性のある性的満足が問題となっているわけではないのだが、にもかかわらず、創造を支えている欲望は、抑圧の場合のようにおのれ自身を放棄せずに、自己の表象の中に表現され変容されることで快感を得ているのだ。この表象は、他人たちに、彼らの中にあるつねに執拗ではあるが抑圧されている欲望を承認させることもできるだろう。これらすべての定式においては、美に関する同一の事柄が問題となっているのだろうか。とりわけ、カント哲学と精神分析は、美の契機について同じことを言っているのだろうか。正確には、そうではない。しかし、その決定的な隔たりがどこにあるのかについては、さらに述べておかねばならない。さしあたり、ただ次のことに注意を促しておこう。すなわち、たとえフロイトが昇華に関して[2]、直接的な性的満足をもはや要求していないような欲動の一様態と定義しているとしても、それでもなお彼は、芸術においては快感は何ものも放棄することはないと述べている。もし彼が、欲望の対象が現れることで得られる快感を、表象によって得られる快感に置き換えているとすれば、幼児の欲望の全能感を備えた何ものかが、芸術家の活動性を支え続けていることになる。そして、まさしく以上のようなことが、芸術家が他者の中に産み出す承認という効果の中の成功した逆説となっているのだ。つまり、美の快感とは、共有された全能感の遊戯的経験なのであって、それは、芸術家は、他者たちが彼ら自身の内に見たり、聞いたり、感じたりすることのできないものを明るみに出すからなのである。快感について、それが関心なしであると言うことができるのは、快感がその目的において変容されているからである。しかしながら、フロイトは、趣味が判断であるとは言わないであろうし、また、主体のその対象に対する愛着と趣味とが無関係なのはまさにこのことによってである、とも言わないだろう。昇華は「快や苦を経験する上級能力」をまったく含まないのであり、欲求能力と、欲望と苦痛とを経験する能力とを区別することはない。昇華とは欲動の一つの運命であり、またそれ自体で一つの作用、欲求によって支えられた一つの産出なのであって、一つの反省的判断ではないのである。

カントを特徴づけているのは、実際のところ、関心なしという観念と判断の観念との間に彼が打ち立てている結びつきである。人が、われわれを実在的諸対象に愛着を抱かせる欲望から自由になることができるのは、判断する場合においてのみである。そして、人が判断する場合には、人は自らの判断の中に量のカテゴリーを、したがってまた普遍性の概念を入りこませているのだ。カントが、芸術における、対象の現実存在に対する関心の離脱ということを考えるのは、「概念なき普遍」によって「関心なしの適意」に解説を加えることによってのみなのである。

日常の快楽の「比較上の一般性」と美の「概念なき普遍性」

『判断力批判』[3]のいくつかの節——第六節から第九節——を読み返してみよう。そこでは、諸々の根本的な区別が立てられている。まず、プラトンやフロイトとは違って、カントは、快と苦を経験する上級能力を欲求能力から分離している。つまり、美は快適でも善でもないと言うことは、対象の現実存在に関心を向ける欲求と、その対象の表象のみに関心を向ける欲求とが区別される場合しか、美を論じることを自らに許さない、ということである。道徳的欲求は、ある状況が実在的であることを欲する。つまり、それは関心を持っているのである。感性的な欲求は、それが享受したいと望んでいる対象が現に存在していることに対して、絶対的に、そしておそらくはまったく単純に、愛着を抱いている。善と快適と美との間のカントのこの有名な区別は、実際、普遍性のじつに見事な祭典である。カントにとって、芸術について考察するということは、われわれに「これは美しい」と言わしめる普遍の探求が、どのような微妙な秩序に、すなわち、たんに経験的であるということもまったく超越論的であるということもないような秩序に属しているのかを、正確に定めることである。そこで、普遍の様々な形式を規定している言葉をたくさん用いなければならない。快適なものというのですら、時には、日常的な快と呼ばれているものにおける諸感覚の陶冶と結びつけられている「比較上の一般性」[4]を表すことがありうるのだ。よく知られているように、カントは外食することを非常に高く評価していた。彼にとって重要なのは、ある夕べの空間という形をとってあらわれるような、不安定ではあるが貴重な共同体の地位について考えることである。一人の主人がいて、彼は、食事の間お客たちのあらゆる感覚を満足させてやり、また、会話の楽しみが味覚の楽しみを保ちまたそれを引き立たせているようなときに、そうした彼らを結びつけているものを彼らに享受させてやることで、彼らをもてなすことができるとしよう。しかしながら、この男性には趣味があるとは言われないであろう。ここで描き出されている共同体は、そのように言われるには諸感覚にあまりにぴったりしているのであるが、そこでは「比較上の一般性」を生み出すことが問題となっている、と言われるであろう。会食者たちは一つのすべて〔tout〕を形成しており、それは、彼らが主人の才のおかげで同じ快を一緒に味わっているからなのだが、このすべては、事実上の共同体に留まっている。つまり、この共同体は、法的に基礎づけられたものを何も持たず、経験された快における普遍に対する権利よっても、その快を経験するという責務によっても、正当化されえないであろう。

カントがこの共同体を「比較上の一般性」と呼んでいることは、われわれの主題にとってたいへん興味深い。それは、次のことを意味している。すなわち、快の比較において、すべて〔tout〕は、諸事実を基礎づけるような一つの審級であればそうするであろうように、つまり、例えば道徳において法則と呼ばれる無条件的な審級の場合がそうであったように、離脱するということはないのである。この本の第一章で、私は次のことを述べておいた。それは、この審級が判定を下す諸事実の系列全体に対して、この審級が離脱していることが、おそらく欲望の男性的構造の特徴をなしているということ、無条件的なものを離脱させる必要があるのは、置き換えられる諸対象の系列をすべてとして捉える欲望にとってのみであるということ、また、女性性においては、法則に対する関係が、カントが少しだけ述べていたように、存在することがないか、あるいは、法則が等価なものとしている諸対象の系列に結びつけられている理想の形成とは異なる過程の上に基礎づけられているということ、これらである。また、たとえ一七九八年のカントが、女性には義務に属するものは何もないという事実について彼自身が一七六四年に行った指摘を忘れていたとしても、彼が美学的な諸経験について検討を加えており、そうした経験においては、会食者たちの経験する様々な感覚が一致することが感覚それ自体に内在するものに留まっている、ということを指摘するのは、興味深いことである。カントはここで、会食者たちは彼らの分かち持っている諸感覚を全員で一緒に享受している、と述べることにこだわっている。これによってつかの間の共同体が作り上げられるのだが、それは、いかなる理性的な正当化も望むことのできないような、一つの純然たる事実に留まっているのである。

趣味判断の場合は、まったく別である。普遍妥当性の要求は、カントに従えば、まさしく趣味判断を構成するものである。そのような要求が趣味判断に属しているのは本質的なことであって、それは逆説的な様態においてである。「これは美しい」と言う場合の美学的な感情において、人は万人の同意を要求している。しかしその要求は、様々な理由によって正当化されることができない。それはあたかも、普遍性がおのれ自身を期待しているかのごとくである。カントは期待という言葉を使っている。人は、趣味判断において各々の賛同を期待するのであり、問題になっているのは、判断の秩序の一つの普遍なのである。しかしこれは、普遍が、道徳的あるいは判断の原理が正当化されるようには正当化されないということから、カントが共通感覚と呼んでいる、おのれ自身の正当化を期待している共同体を産み出す。美学的な感情の場合に芽生えているのは、社交上の夕食の際の会話の享受ではもはやなく、判断の共同体の要求なのであり、これが、ここで期待という言葉が示している経験的な何かを保持しているのだ。趣味判断とは、普遍性の期待のことである。しかしこの期待とは、おのおのが実際に賛同することであって、そうした賛同が何から成り立っているのかを言うことができるような、また、すべての人にその中に含まれることを強いることがありうるような、そういった共同体への参与ではもはやない。普遍性は、それが実践理性の命法であるのと同じ仕方で、美学的理性の要請であるわけではない。しかし、普遍性は、美の判断の中心そのものに含意されており、また、普遍的な声として、一致協力として、期待されているのである。普遍性の形式を明記している諸々の表現を精錬することで、カントは、彼の用いている用語の語源学に乗じているのだ。つまり、美についての一致（Einstimmung）は、普遍的な声（allegemeine Stimme）として期待されているのである。これらは、フランス語には翻訳不可能であり、興味深いものである。というのも、一つの経験的な現実、つまり声――これは、社交上の食事の会話においてすでに重要であった――と、この食事の比較上の一般性ではもはやないような権利上の共同体、これらを結合させることが問題となっているからである。興味深いというのは、さらに、声の隠喩が道徳的義務をも規定しているからでもある。つまり、万人に対して訴えかけている定言命法は理性の声なのだが、道徳においては、まさしく一つの隠喩しか問題になりえないのに対して、美学的経験では、「これは美しい」と言う者は他人の実際の同意を必要としている。意を決してある作品を美しいと判断するとき、彼が聞きたいのは他人の意見であり、ここではそれは隠喩ではないのだ。以上のことは、繊細かつ曖昧である。ある意味では、美は、それが普遍として理性的に要請されえないからこそ、経験的な、しかし権利上すべての人に付与することのできる分かち合いの中で現れてくる。したがって、期待を特徴づけている何か経験的なものが、美学的生を教化の担い手にしているのだ。というのも、この生は、人間たちが共同生活を送り、また、彼らが諸感覚のたんなる分かち合いという様式ではなく、判断の行使という様式にのっとって生きるようにしているからである。人は美学的経験において、彼自身と同じ意見を万人が持っていると見なすのであり、これこれの対象について必ずや生じる事実の上での不一致は、人々が全員一致——美の権利、すなわち美自身の定式化を永続的に期待するという権利でもあるような全員一致——を求めているという事実から、何も奪い取りはしない。自分自身の意見を必然的に他人のものとすること、このようにして趣味が広く展開されるのであり、重要なのは、同意が、任意のものとして考えられてはいないにもかかわらず、戯れと関係があるということである。つまり、この戯れは、普遍性の探求の中ではわれわれの諸感覚ではなくわれわれの反省が命令を下すという事実を表しているのだ。美に関する印象は、結局のところ対象そのものにはけっして関わらないのであり、カントは最後にこのことをずばりと言ってのけている。しかし、対象が存在しているのも同然の場合に実感されるわれわれの諸能力の一致は、そしてまた、一つの法として期待されているこの普遍性は、根本的には、諸対象に対する快感というよりも、われわれと類似した者たちに出会い、分かち合われた判断のおかげで彼らが類似者であることに気づく一事例なのである。美はけっして客観的ではない。それはある普遍的な主観性の展開であり、人々はこれを要求するのだが、それが見出される場合にそれを正当化することができないのである。

　美の中で「戯れている」普遍についてカントが行なっているこれらの主張の解釈を、われわれは無限に続けていくことができるだろう。つまり、普遍性の要求は、確認以上のものであり原理以下のものである。趣味判断は、それが喚起する同意を各々に帰することしかせず、それは、「趣味判断が、概念からではなく他の人々の賛成からその確証を期待しているような、規則の特殊な一事例」[5]としてである。期待されている普遍は、様々な主観を結びつけるが、そうした結びつきを客観化することはない。しかしながら、人々が、あたかも美が客観的であるかのように「これは美しい」と言うのは理に適っている。なぜなら、美学的判断が、それが万人にとって妥当性を持っていると前提することができるという認識上の判断と、類似したものをもっているからである。それゆえ、共通言語の誤りが、理論理性において決定を下し、美学的理性において反省を行うという、普遍の超越論的機能への一つの示唆として正当化されるのである。

重要なのは、このような戯れを記述することで、美学的生が、認識、道徳、生物の認識、さらに歴史哲学および法の哲学とすら関係づけられているということである。というのも、一つの法として定義されているにもかかわらず諸事実の秩序の中で展開されている普遍は、まさしく、法の到来としての歴史をも導いているからである。したがって、人間の非社交的社交性と、美が要求する共通感覚との間で、これとは別の諸々の移行、諸々の調和を記述することができる。その結果、私が、趣味判断の中に普遍を出現させているカントの巧妙さと呼んでおいたものが、実際のところ、美に関心を持つときカントはとりわけ彼自身の思想の一貫性に関心を持っているということを示しているのである。もし、『判断力批判』[6]の中に戯れがあるとすれば、それはまず、カントが、彼の思想の様々な側面が互いに果てしなく参照し合っているのを巧妙に体系化することを好んでいる、という点にあるのではないだろうか。普遍の概念は、こうした合わせ鏡による戯れの道具となっているのだが、この概念が、そうした操作を覆い隠していると言うこともできるかもしれない。つまるところ、普遍の概念について行っている仕事のお陰でカントの建築術がかもしだしている魅力の中にあって、美は本当に重要なのだろうか。

趣味判断の「演繹」とはどういうことか

『判断力批判』の第六節に、少しの間立ち戻ることにしよう。そこでは、いっさいの関心とは独立に好ましく思われるものという美しいものの定義が、概念なき普遍という考え方へと移行している。ここに立ち戻る理由は、われわれがそこに、一つの例と一つの概念との間を結ぶある種のシナリオあるいは舞台を再び見出すからである。われわれはこれを、すでに道徳性の分析の中で指摘しておいた。これのおかげで、カントは、法に照らして違反しているという感情と、法がすべての人にとって妥当するという考えとが同一であると宣言することができるようになったのである。さて、ここでは、普遍性は、人が美しいと判断する対象の実在性が重要性を持たないという問題から出発して導入されている。「誰かが、あるものでおのれ自身がおぼえる適意はすべての関心なしであることを意識しているときには、その人は、そのものがすべての人にとって〔für jedermann〕適意の根拠を含んでいるにちがいないと判定するより以外には判定しえない」[7]。誰に対してであれ美の適意をその人に付与する判断がなされるのは、離脱についての必然的な注釈としてである。しかしながら、実際には、カントが演繹と名づけているこの移行にはいかなる明証性もないので、カントは、この移行が前提としている思考の経験を発展させている。「なぜなら、その適意は主観のなんらかの傾向性に（また思慮をかさねたなんらかの別の関心にも）根拠づけられているのではなく、その判断者は、彼がその対象にささげる適意に関して完全に自由であるとおのれを感じているのであるから、彼は、彼の主観のみが愛着を持っているいかなる私的条件をも、その適意の根拠として見つけだすことはできず、だからその適意は、彼があらゆる他の人々にあっても前提することのできるもののうちに根拠をもっていると見なされなければならないからである」[8]（第六節）。

何と複雑な操作であろうか。趣味は判断であると言うことは、対象が現に存在していることに対する離脱という観念から、類似した経験のすべての人に対する付与へと移行する、ということである。これは次のことを前提にしている。すなわち、美の経験の内密なあるいは個人的な性格が、「私」と「公」との対立によって正確に記述されるのだということと、そして、この対立が、『純粋理性批判』において定義された量の諸カテゴリーの内の二つである、特殊＝特称と普遍＝全称の論理学的対立と等価になることができる、ということである。したがって、美の経験の論理的な下部構造が存在するのであり、ディスクールの中にそれをとどめている判断の量は、正確に表される。すなわち、美の判断は単称判断として言表されるが、それは、そうした判断においては主語がその全体性において捉えられているからである。美しいと言われているのは、一つの絶対的なものとして捉えられている薔薇である。しかしながら、特殊＝特称を、さらには普遍＝全称を介入させる単称判断が、超越論的に発生しているのだ。

『実践理性批判』の場合と同様、普遍性はここではかなり複雑であり、この複雑さがドイツ語のテキストにおいて大いに発揮されている。「Denn da es sich nicht auf irgendeine Neigung des

Subjekts (noch auf irgendein anderes Interresse) gründet, sondern da der Urteilende sich in Ansehung des Wohlgefallens, welches er dem Gegenstande widmet, völlig frei fühlt : so kann er keine Privatbedingungen als Gründe des Wohlgefallens auffinden, an die sich sein Subjekt allein hinge, und muss es daher als indemjenigen begründet ansehen, was er auch bei jedem anderen voraussetzen kann.」[9] jedermannは「すべての人」と翻訳されているが、先の文において用いられていた[10]この言葉は、関わりのある諸々の個体の系列について述べている。そして、カントの「演繹」は、実際、すべて〔tout〕をまったく同じ仕方で分解しているのだ。すなわち、趣味判断のいう「すべての」人を獲得するためには、まず、不定代名詞によって示された諸感覚の系列を介さなければならず、離脱という操作はこの系列に支えられている――つまり、適意は、なんらかの傾向性にも、なんらかの別の関心にも根拠づけられてはいない、ということである。ここでもまた、普遍のカテゴリーが本質的に複数の声から形成されているのがわかる。これを混乱と呼ぶこともできるだろう。なぜなら、この言葉の意味が別の意味へとずれていることは、そのずれが実際に起こっているときには、けっして主題化されないからである。つまり、系列性から絶対性への移行が生じているのであって、その絶対性とは、あるときは全体性――ここでは、人が自分を完全に自由だと感じているということ――として、あるときは無条件性として、つまり、感性的な一切の関心と関係を絶っている道徳法則の「明白な」異質性の場合がそうであったような無条件性として、考えられているような絶対性である。こうしたずれは、さらに一つの移行を伴っている。つまり、ある客観的現象性――ある場合、次に別の場合というように、そのつどその価値にしたがって中断されるもの――から、一つの原理の客観性への移行である。この客観性は、超越論的かつ主観的審級と同一であるから、別の秩序に属するものなのである。道徳的判断の「演繹」に関してと同様に、ここで、それぞれの場合ごとの諸対象を無差別化することを、ディスクールの中でもう一度はっきり述べることによって、「すべての人」に内容を与えることができるようにする必要がある。感性的な傾向性がそれぞれの場合ごとに否定され、またこのことによって、趣味判断の主体の「まったくの〔totale〕」自由が産み出される。主観はまったく自由であると述べることは、様々な愛着を系列ごと破棄するということを、積極的かつ事後的に要約しているのだ。このことから、絶対的なものが、系列的な全体性から、感性的諸対象に対する離脱の根源性へと移行する。それゆえ、「完全に」という副詞が述べられた後では、jedermannつまり「それぞれの人」は変容を被っており、それぞれの人が、すべての人となっているのである。さらに――このことは美についての判断を特徴づけるものので、道徳性の内には存在していなかったのだが――諸々の主体の完全な系列を獲得するために、他の主体が経由され、これによってすべてへと向かうことになっている。つまり、主体が感じている美学的な快の非依存性が、彼を、離脱した同じ快感を感じうるような他の主体たちを呼び出すように仕向けるのだ。したがって、趣味判断の普遍性は間主観的構造を有しているのである。

しかし、対象の実質そのものには愛着を持っていないという考えと、美しいものが美しいのは、それが、人間とよばれている各々の個体にとって妥当するからであるというもう一つの考えとを、いかにして等価にするのだろうか。離脱から普遍を抽出するためには、注意深い観察者が、自分が美しい対象という現実に愛着を持っていないことを経験の内密さの中で理解し、それから、「私はまさにこの対象を享受することを望まない」を「これは、私にとってだけではなくすべての人にとって美しい」に置き換えることが必要である。普遍性の要求へと移行することは、本当に、関心なしという経験によって強いられる運命なのだろうか。人が欲望の対象から離脱するのは、内心で一つのシナリオを作り上げ、そうしたシナリオによって関心なしという経験を誰かに付与することによってなのだろうか。愛着が特殊性と、つまり、人が自分の体験している事柄をすべての他人に付与することができるということによって手放すような特殊性と同義となる、といったような契機を人は本当に経ているのだろうか。「特殊＝特称」という言葉は、ここでは、「これは私にとって美しい」というタイプの仮言的判断の量を示しているような、論理的なものなのだろうか。あるいはむしろ、「私は対象が現実存在していることに関心がある」と「それは私の気に入っている」との間に打ち立てられた等価性が、人が何かを望むとき彼はそれをおのれ自身にとってのみ望んでいるのだという、一つの人間学的あるいは幻想的な注解となっているのではないだろうか。もしそうだとするならば、われわれはここで、関心なしという観念と普遍の観念との間の概念的同一性よりもむしろ、一つの経験的な例、感受的に規定されたとカントが言うであろうような例に、あるいは、一つの幻想の構造を有しているとフロイトの言うであろうような経験に関わっているのだ。この幻想の構造とは、見られたり聞かれたりした諸事物、主体に表象の作業を課するようないくつかの決定的かつ外傷的な出来事にしたがって練り上げられた諸事物を、結合している構造である。そして、この主体の表象の作業は、諸々の状況および対象の存在と不在とに対する関係に関わっており、主体はそれらの状況や対象を享楽したい、あるいはそれらを現に存在させたいと望んでいるのである。

このテキストでは、カントが「演繹」と呼んでいるものの身分が曖昧であるという事実から、難解さが生じている。曖昧というのは次のような点においてである。すなわち、一方では、逆説的な適意の経験を、それが「私的ではない」のが見出される場合に現象学的にたどることが問題となっている。「この事物は私にとって好ましい。この快においては、私を捉えているのは事物の実質、すなわち現実存在ではない。主体としての私が、そしてまた私だけが、それに愛着を抱いているわけではない。したがって、この適意がもっぱら私のものであるということはない。それは、適意が呼び求める分かち合いの経験によって構成されているのだ」。この最初の解釈では、美の経験は主体の経験的な二重化を前提としている。それは、幻想とほとんど変わらない一つのシナリオ全体を展開させるような、美学的な快にとっての内的な試練である。この試練は、ここでは正確に述べておく必要はないであろうが、例えば次のことを示すであろう。それは、主体が自己を二重化し（おのれ自身を）理性的に抑制するという二重の条件のもとで、美がいかにして快適さをもたらすものの独占欲の強さを、あるいはその執念深さを払いのけるのか、である。さて、他方では、問題となっているのは次のことである。すなわちそれは、美の経験を記述することではなく、むしろカントが『判断力批判』の第五節からそうしているように、適意の範型論を作り上げ、快適であるという事実上のものを、美しいという権利上のものに、たとえこの権利上のものというのが、それに固有の規則を永続的に期待することから成り立っているとしても、対照させることである。しかし、こうした二つの場合のいずれにおいても、概念なき普遍が、美の、対象に愛着を抱かないという経験から「生じてくる」のはいかにしてなのかは分からない。もし、一つの過程の記述が重要なのであるとすれば、あまりにも多くの要素がほのめかされており、量のカテゴリーは、反省的な適意の経験の諸段階を人工的に統括することになる。もし、適意の範型論が重要なのだとすれば、適意にとって内的であるような離脱の過程が失われる。さらに、われわれが気づくのは、第一の場合のような読みを、カントが完全に受け入れることはありえないということである。なぜなら、それは、行為において働いている欲求能力と、美学的生において働いている快苦を経験する能力との間の区別という原理——カントはこれを『判断力批判』において立てているが、一七六四年においては立ててはいなかった——を危険にさらすからである。

さらにわれわれは、次のことに気づく。それは、否定されることによって義務の明証性と対比されていた様々な例の分析にあたって、それが現実存在するかどうか未決のままとなっていたような定言命法に関するレトリックの場合と同様、対象に愛着を抱かないことを持ち出している諸々の否定的形式の場合において、カントは、主体のおのれ自身に対する演出された関係を、一つの演繹として通用させているのである。この関係は、美によって関係づけられている諸々の主体の、離脱と普遍性という二つの区別された概念の含意を明白にするものと見なされている。こうしたことが仮定されたならば、カントは、この普遍が概念なしであるとは何を意味するのかを正確に示し、洗練させることができる。彼は次のことを示す。すなわち、美の経験に結びつけられている普遍性の要求は、それが主観の要求でしかなく、またこの要求によって、対象に愛着を抱かないことから普遍性へと移行させるという推移が成り立っているにもかかわらず、実在的なものを構成する論理的な要求として与えられるのである。美の与える快感が分かち合うことのできるものとして主張されている以上、他者たちの中にこの快感を再び見出すという要求こそが問題であるにもかかわらず、主体が自らの内で生じていることを表現するのは、対象が美しいと言うことによってでしかないのだ。

関心なしの適意から概念なき普遍への移行を演繹と呼ぶことができるのは、諸々の文のつながりとしてのテキストに頓着しないことによってでしかない。これらの文の中で、概念的な裂け目を、それが見分けられなくなるように「覆い隠している」ものは、実際、非常に明確である。一方では、問題になっているのは、対象からの離脱という否定的なしかし能動的な過程を、美学的感情の内にあると見なされている他人に対する肯定的な言及へと変容するということである。他方で問題になっているのは、喚起されたシナリオを、趣味判断の普遍性という主題によって要約し、単純化するということなのである。

美──内密かつ公的なもの

趣味判断の普遍性のこうした「演繹」は、哲学を全般として性格づけていると私には思われるものの一つの見事な例を提供してくれる。問題になるのは一つのテキストなのだが、これは、自らが呼び招いている諸々の論理的カテゴリーによって、それがテキストとして書かれていること、つまり、あるスタイルの偶然性のおかげで一つの思考を産み出している統辞論的かつ意味論的な諸源泉によって書かれていることを、忘却させるようなテキストなのである。下手《しもて》には、概念なき普遍としての美についての学説があり、これは認識判断および道徳的判断の学説に対して非常に緻密に関係している。上手《かみて》には、一つの舞台が、別の空間ではなしに同じテキストの中で姿を現している。この舞台によって、われわれは、美学的主体の産出、つまり、内密な主観性、しかしながら人目にさらされた仕方でのみ存在しているような主観性の産出に、居合わせることになる。もっとも緻密なエクリチュールの作業をカントに要求するような、テキストのもっとも興味深い契機は、未だ明らかにされてはいなかった。しかしながらこの契機は、私がドイツ語で引用した決定的な文において見出されるのだ。この文は、概念なき普遍を「すべての関心なしの

〔ohne alles Interesse〕」適意から演繹すると見なされている。無関心の内で働いている能動的な剥奪を示すために、これを「すべての関心なしで済ます適意」と訳した方が望ましいかもしれない。カントはここで、一つの奇妙な主観について述べている。つまり、完全に内密で、かつ、おのれ自身の内密さの産出においてまったく未曾有のものでありながらも、他人の目のおかげで露呈されているような主観である。「彼は、彼の主観のみが愛着を持っている（an die sich sein Subjekt allein hinge）いかなる私的な条件をも、その適意の根拠として見つけだすことはできず、だからその適意は、彼があらゆる他の人々にあっても前提することのできるもののうちに根拠をもっていると見なされなければならないからである」。動詞hingeは、「引っかかっている」と「依存している」を同時に意味している。主観の観念を導入しているのは、対象への引っかかりの否定なのである。このテキストの初めのところは、実際、一つの対象に対する依存によってその反省的性格のもとに生み出される主観性のことを、それを否定することによって喚起している。あらゆる主観的反省性から遠ざかるどころか、この次元に対するいかなる依存も否定してしまうということが、すなわち、美の判断の普遍的反省性の発見である。言いかえれば、実質に対する適意が否定されるとしても、それに言及することが、主観が生み出されること、つまり、美学的経験においておのれ自身に対する思考の反省性が生み出されることを概念化するのに役に立っているのである。

　たしかに、「これは美しい」と言う主観はあらゆる客観的関心から離脱しているのだが、愛着に言及する際に用いられている否定された条件法[11]が、主観の反省性のことを考えるのに役に立っている。さらに、主観はまず内密なものとして喚起され、この主観が、適意があらゆる他者と分かち合われなければならないという事実そのものによって、その適意がどういった種類のものかを特定している。適意という事実は、ここでは、それを体験している者以外のすべての者たちに付与されなければならないものとして理解されている。これが、カントがわれわれに勧めているような、奇妙な「美学的理性の事実」なのである。

概念なき普遍という観念が提示されうるためには、主観が産出されるまさにそのときに、主観の二重化が行われるのでなければならない。美学的感情を、普遍的に認められるという要求に取り付かれている判断へと移行させるような、主観のおのれ自身に対する関係が具体的に示されていることで、われわれは実際、カントの行った一つの選択へと導かれる。この選択は、誤って、理性的な明証性として与えられている。つまり、カントは、主観は美の経験において、対象を飲食したいとか享受したいといった欲求の場合のようにその対象に愛着を抱いているわけではない、という事実から出発しているのである。そして彼は、その対象の現実存在への愛着の感情に対して特殊＝特称のカテゴリーを適用することによって、この事実を解釈している。享受は、量としては特殊＝特称なのだと言われる。『純粋理性批判』の表において定義されている、量という二番目の諸カテゴリーが、美の経験を説明することができると見なされているのである。そして、量のカテゴリーをこのように適用するおかげで、人間理性の統一性が、その理性が発揮されるすべての領域において確証される。さらにまた、そうした適用によってこそ、芸術や生の諸現象についてのカントの考察が『純粋理性批判』と『実践理性批判』とを評価し直すことが可能となっているのだ。したがって、思考の決定的な契機とは、まず最初に普遍＝全称のカテゴリーの使用であるというのではなく、特殊＝特称のカテゴリーの介入なのである。対象をその実質性において享受することは、私的な享受、つまり論理的に言えば特殊な享受である。カントは、「私的な」を「特殊な」と解釈することに決めているのだ。さて、美の経験は、まったく私的であるが、同様に公的であることも望んでいる。快は、分かち合われることを期待し、他の人たちに、共通感覚と名付けられるであろうような共同体を形成するよう要請する。問題になっているのは主観的共同体である。なぜなら、分かち合われる快は、対象からではなく、関わっているすべての主体にとってきっかけとなっているものから生じてくるからである。それは、全員にとって同じ仕方で感じられうるようになるという、諸能力の一致である。快におけるこうした共同体が形成されるのは、やはり一つの対象を熟視する場合においてであるように、そしてまた、認識において、一つの普遍的概念が、それによって理解可能になるものに客観的形式を与えているように、人びとは対象に、彼らの能力の一致に事実の上で属しているような美の性質を付与して、「このものは美しい」と言う。指示詞は、ここでは特殊＝特称的な主語であるように見える。しかし、この指示詞は、普遍を介入させるような超越論的な加工へと向かっていくのだから、「この」ものは実際には、論理的主語としては、特殊＝特称と普遍＝全称の総合、つまり、単独＝単称である。カントの言うところでは、趣味判断は単称判断であり、文法的形式が一つしかないためにそう考えられるかもしれないが、特称判断ではない。趣味判断は、全称＝普遍と特称＝特殊の超越論的総合である。つまり美学的な準‐客観は、実際、それだけで一つの全体性なのである。というのも、まさしく、その準‐客観が、全称＝普遍としてしか意味を持たないような判断を生じさせるからである。この巧妙な論理的弁証論によってカントが対象としているのは、内密であると同時に分かち合うことができるという美の逆説的な性格である。享受からの離脱は、美学的快において内密さという性格が存在することを妨げはしない。しかし、内密さこそが、分かち合うことと認めることとを排除せず、逆に要求するのだ。量の三つのカテゴリ——全称＝普遍、特称＝特殊、単称＝単独——は、美学的経験を解釈し、芸術の実効的かつ逆説的な次元に接近するのに役に立つ。それは内密なものであり、かつ、至るところで分かち合われている。したがって、「これは美しい」の「これ」は、対象というよりもむしろ、その点に関して全員によって要求されている主観的経験のことを指しているのである。

美を、分かち合うことができるようにしているもの

しかし、内密であり分かち合うことができるという美学的な快の事実の上での逆説を、本当に、

量のカテゴリーで解釈しなければならないのだろうか。作品に示された内密さは、カントが主張しているように、本質的に特殊なものなのだろうか。彼がそのように主張する理由ははっきりしている。彼は、快適なものと美しいものとの分離、享受と、一つの判断である趣味との分離を、明証的なものとして提示したいのである。しかし、彼は、特称的、全称的、単称的という判断の諸カテゴリーに彼が従属させている美の逆説を、それ自体として分析してはいない。対象から離脱すること、それは、感性的享楽の特殊性に閉じこもるのを止めることであり、したがって普遍へ、おそらくは概念なき普遍へと至ることである。この主張には、自由な快について考えるとき、それは芸術の対象の実質に対してのものではけっしてありえず、その形式に対するものであり、これが諸能力の自由な戯れを指し示している、という主張が結びついている。さて、芸術家が、彼が創造するものに対して、欲望の関係と同一であるような性愛的な依存関係を持ってはいないということが本当であり、彼は他の人たちに享受以外のものを呼び起こすというのが本当だとすれば、それは、芸術の諸対象が準‐客観であって、それらの実質上の性質によってなのではけっしてなく、ただ、趣味判断において重要な役割を果たしているその形式上の性質によってのみ重要だからなのだろうか。絵画が、たんに画家の私的な対象ではもはやない、というようにしているのは一体何なのだろうか。そして、ここで「私的」とは何を意味しているのだろうか。

われわれは次のことを明らかにするつもりである。すなわち、もし、美の実際に内密かつ公的な経験の逆説が、もはや量のカテゴリーの適用によって覆い尽くされることがないのだとすれば、美の産出の過程の中で、あるいはまた、芸術家以外の人たちによって美として認められる過程の中で、美と呼ばれているものを記述することができるようになる、ということである。では、例えば、絵画的なスタイルをはっきりさせることにおいて実行されるような、享受の対象からの離脱は、何から成り立っているのだろうか。ここにおいてこそ、レオナルド・ダ・ヴィンチがわれわれの導き手となる。この芸術家には両性併存があったということが知られており、これは、ある人たちがばらばらなものであると判断している彼の活動性の多様さと同時に、彼の絵画作品が持っているほとんどつねに未完成であるという性格にあらわれている。しかし、問題は、キャンバスを仕上げることの前から逃げ出すということが、ダ・ヴィンチにあって無限〔infinito〕という絵画的スタイルの発見へと変化したのはいかにしてなのか、また、この変化そのものが、いかにして何か未曾有のもの、私的なものを、内密な感覚に、そして芸術家に対してと同様に作品を見る者たちに明らかにするのかを、理解することである。

　フロイトは、レオナルドに対する彼の研究論文――『レオナルド・ダ・ヴィンチの幼年期のある思い出』の中で、これらの点について、後に明らかにされたように[12]彼が他の点について思い違いをしているにもせよ、しばしばきわめて妥当な主張を行っている。とりわけ、フロイトは次のような事実を強調している。すなわち、レオナルドの両性併存が、彼の活力の中で芸術に関する知識が優位を占めることを命じたのであり、また、自然の探求が汲み尽くし難い性格を持っていることが、注文された作品を仕上げるという責務よりも、未完成を強いることの方に留意させ、そうした強制がレオナルドの疲れを知らぬ活力を支えていたのである。しかし、自分が芸術ほどには好んでいない哲学に対して、ダ・ヴィンチを通して決着をつけているフロイトが、レオナルドにおいては両性併存が芸術と科学との区別を貫いて影響を及ぼしているという事実を誤解しているか、あるいは彼はそれを知らないのだ。ダ・ヴィンチは、芸術よりも科学の方を好んでいたわけではない。彼は至るところで、次のような契機を明らかにしようとしたのであった。それは、様々な存在や事物の区別が獲得されていないという契機であり、また、画家やデッサン家‐科学者が把握することのできるような、存在の様々な類を分離することがあやふやになるような、平面的で理にかなった遠近法が一つの歪像画法から出発して一時的に安定するような、形式が影と光のはっきりしない一時的な働きにおいて決定されるような、そのような契機である。フロイトは、ダ・ヴィンチの幼年時代についての緻密な心理学的調査を行った後で、次のように主張することによってしめくくっている。すなわち、精神分析家は結局のところ、たとえ彼が作品に痕跡を残している、人生上の様々な事柄を明らかにすることができるとしても、天才そのものについては何も語ることができないのだ、と。しかしそれは、フロイトについて言えば、彼自身が問題に接近している際のあまりに一途な心理学的方法についての批判ということにならないだろうか。レオナルドが関わっていた母の二重の像とはどのようなものかを知ることも、彼が父や母の死に対して、彼の手帳の中でどのように応じていたのか、責任を感じていたのかそれとも儀礼的であったのかを知ることも、共に無駄なことではない。しかし、これらの要素は、レオナルドという人物がどういう人間であったのかを理解する上では欠かせないものの、画家と科学者の様々な技法が、主観的な所与を動員することで、それを、カント的な言い方をすれば個人的かつ私的な事柄とは別のものにするその過程については、まだ何も教えてはくれない。言い換えれば、フロイトは、一つの昇華の理論の入口のところで立ち止まっている。この理論のあらゆる素材を、レオナルドは彼自身の制作物に関する注釈によってわれわれに与えてくれている。画家レオナルドの技法である「ぼかし技法〔sfumato〕」が、つまり、ある時はデッサンの線をはっきりと際だたせ、ある時はそれをぼかすような、形式と色との間の関係を考案すること、というのがそうである。描かれた形の鮮明さから、見える物の壊れやすくておぼろげな契機を作り出すような光と影の芸術、そしてまた、遠近法がちょっとの間秩序づけるような多様な歪像画法の特殊な一契機でしかないような遠近法の科学と芸術、ダ・ヴィンチの芸術にそなわるこれらすべての性格が、彼の性別化された欲望の併存の、実質に関わる、言い換えれば技法上の発展なのである。ただし、両性併存があるスタイルにおいて発展させられているその時から、それはもはや個体の、この場合はレオナルドの両性併存というだけではない。このことは、同時に二つのことを意味している。すなわち、一方では、スタイルは、レオナルドをして併存的な性的諸対象を享楽せしめていた直接的な快楽を、置き換えたり変化させたりする。これは、彼が、その他の対象を、色を塗られた素材、人にそう考えられているのに劣らず実質に関わる諸形式、絵の様々な部分にしたがって多かれ少なかれぼかされた諸形式によって、創造しているからである。他方では、彼の性的欲望が、併存を出現させている様々な実質へと具体化する際に移動するので、この併存が、彼のキャンバスを見るすべての人にとって認識可能なものになる。併存は、その人たちが知らないような彼ら自身の何ものかとして、認識可能になる。そこから、美が産み出す啓示という外観が生じてくるのであり、カントがそれと知らずに示していた、公的なものへと広げられた内密さという逆説もまた生じてくるのである。美を、たんに私的というだけではないような何かとして産み出すことに関するカントの描写を、特称、全称、単称というカテゴリーが役に立たないような過程へと注意を向けることで、検討することができるのではないだろうか。これらのカテゴリーは、実際、レオナルドの技法と理論が実現している欲動的諸対象の移動を消し去っているのだ。

美とは、実践についての知られていないもの〔l'insu〕である

このような観点において理解することができるのは、ダ・ヴィンチの目標が美を定義することではけっしてない、ということである。『絵の本〔Carnets〕』の中で「美」という言葉が示しているのは、画家や科学者の活力という賭金が手に入るということと、彼が自らの実践によって、はっきりしたものと、世界に面した窓であるかのようなぼんやりしたものとの関係を、しっかり捉

えるということである。「美」あるいは「優美」といった言葉が、ある技法の中で様々な欲動がそれによって対象として見出されるような過程の節目節目に置かれており、フロイトはこのことによって、芸術による昇華がしばしば欲動の倒錯的な相を発展させていることに気づいたのであった。まさしくこの相は、直接的な性的満足を必要とせず、また、欲動の様々な道筋そのものを新しい対象とすることによってこれらを性愛化する。こうした置き換えの利点は、一つの世界を創造する、ということと関わっている。それは、確固としたいかなる性的規定も妥当しない世界であり、また、ただ芸術家だけが、いかなる法則も固定化させることがないような仕方で分化した曖昧な極を、彼が自ら規定する仕方で輝かせる世界である。レオナルド・ダ・ヴィンチは、けっして美を定義することがないが、彼の書き残したものに彩りを与えているこの美という言葉は、技法や知がそれを満足させるのはいかにしてなのかを示している。次の文はその一例であり、それは絵画に関するものである。「薄暗い住居の門口に座っている人々には、光と影によってこの上ない優美さが添えられる。これを観察する者の目は、顔の影になった部分がその住居の影によって翳っているのと、顔の明るく照らされている部分が大気の輝きによって明るさを加えられているのを見る。光と影の対照が増大させられることによって顔は生き生きした立体感を獲得するのであり、その照らされている部分では影はほとんど感じとられることがなく、影になった部分では反射光はほとんど感じとられることがない。このような、光と影の増大による効果を伴う表現によって、顔にその美しさが添えられるのである」[13]。美の契機とは、光と影の純然たるコント

Leonardo dopo Milano, éd. Giunti-Barbera, Florence, 1982.

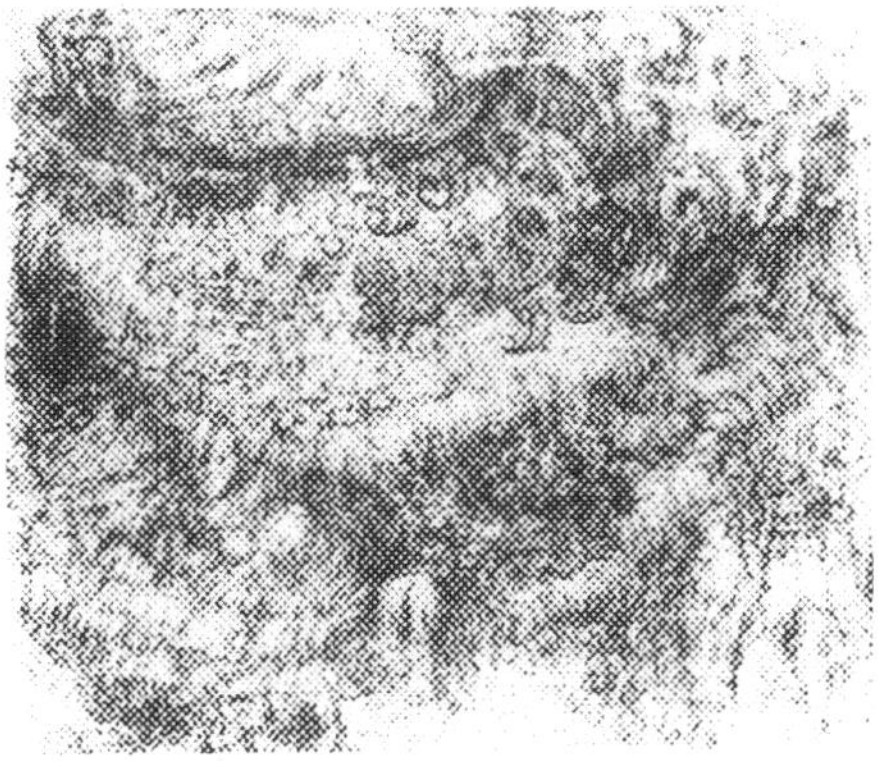

Léonard de Vinci : Études de la nature
de la Bibliothèque royale du château de Windsor,
éd. Giunti-Barbera, Florence, 1982.

ラストではなく、それぞれが控えめな仕方でその反対のものになるまでに変容されうるということである。つまり、ほとんど感じとられることがないながらもそこに表れているような光の影があり、またほとんど感じとられることのないような反射光の影があるのだ。区別と、それを逸脱させるような巧みな技法とを意のままにすることによって、おぼろげなものという契機を開花させること、これがこの画家の情熱であり、この情熱は、彼が美が具現されていると感じるとき、美という言葉を彼から「取り上げて」しまう。したがって、問題はもはや、これこれの対象が、欲求能力がそれを要求しているとおりに実在的であるのかどうか、あるいは、その実在性が、快と苦を経験する能力がそれを望んでいるとおりに関心なしであるのかどうか、ということではない。こうしたカント的区別は、作品への昇華が分析されて以来その価値を失っているのであり、それはむしろ、問題となっている過程を理解する上での足かせなのであった。

同様に、解剖学者および自然学者としてダ・ヴィンチのデッサンの精確さは、彼の研究、例えばレダの研究[14]の中で、女性の身体、陸生なのか水生なのか分からないようなつる植物の曲線、そしてレダの手がぴったり添っている蛇の身体の諸々の螺旋状の線、これらの間で調整されているような、はっきりと感じとられることのない様々な移行の役に立っている。ダ・ヴィンチは、たしかに、デッサンの実践をミクロコスモスとマクロコスモスとの間の類比の哲学へと理論化できているのだが、これらのディスクールはこの理論の伝統とは無縁のものである。なぜなら、そうしたディスクールが重要性を持つのは、はっきりと感じとられることのない様々な移行、それによってわれわれの快のためにいくらかの曖昧さが生み出されるようなそれらの移行を産み出すことの注釈としてのみだからである。デッサン画家や画家は、科学者と呼ばれている。つまり、彼らは、より高度な科学を所有していると言われているが、この科学はつねに、様々な形式を出現させ、また、それらが区別されていないのに乗じているのだ。さて、これらの理論は虚構でもありうる。ダ・ヴィンチが想像上の対話者にあてて書いたいくつかの手紙が知られているが、これらは、戦争についてのあるいはさらに大洪水についての記述の中で、デッサンするという運動を言葉によって描き出しているのである。戦争についての記述は、砂塵の変身の頌歌のようなものである。この砂塵は、あるときは空気のそれであり、馬と戦士たちの動きによって舞い上がり、あるいは馬と「勝者たちが持っている、風に吹き靡いている軽いもの」を覆う。またあるときは、逆に転落のような重みのあるものである。「もし君が、兵士の転倒を描く場合には、血まみれの泥と化した砂塵の中に、そこを滑りながら通過していった足跡を描くべきだ」[15]。芸術家がその造化の神《デミウルゴス》となっているような様々な存在や事物間の交流を強調することによって、彼はいつまでも、デッサン、絵画、技法における様々な形式の変貌を引用し続けるだろう。われわれはこの快感を、たとえレオナルドと同じ両性併存がわれわれに宿っていないとしても、分かち合う。それはまさしく、彼が、彼の作品の実質性によって、その併存を変容させているからである。したがって、われわれはそこにわれわれ自身を認めると共に、それを享受することができるのであり、また同時に、われわれは、直接的に体験されたうずくような併存の感情の持つ、多くの人々にとって耐え難いものから解放されるのである。

ダ・ヴィンチの様々な作品を前にして、根気よくくり返し行われている、ぼんやりとしたものとはっきりしたものとのこうした考案を、性的と呼ぶことができるようにしてくれるものとは何であろうか。それはおそらく、諸感覚とりわけ視覚による強烈な快感であり、これがたえず呼び覚まされているのだ。たしかに、問題となっているのは直接的な性的満足、つまり、他人の身体との交渉において得られる満足ではない。しかし、芸術家は、性的欲望を喚起する素材と同じ感性的な素材を相手にしているのである。ただ、彼は、われわれの諸感覚が欲望の対象と呼ばれているものに魅了されているとき、そうしたわれわれの諸感覚のいつもながらの協働を追い払ってしまうような一つの感覚を鋭敏に練磨させようとする。昇華された欲動の中で、直接的な性的満足が、別の快感によって際限なく押し戻され移動させられるのを可能にしているのは、まさしく、諸対象の置き換えの過程そのものである。人はその道筋をたどることができるが、それは、作品がその痕跡だからである。要するに、人はもはや、置き換えの系列がいったいどのような性的欲動を起点にしているのかを明確に知る必要はないのであって、それは、対象が、行程それ自身の中の沈殿物となっているからである。選択という仕方で対象を創造し直すことによって対象から解放されるということ、こうした情熱が、カントが語っていた離脱において働いているのだ。

しかし、この過程を捉えることに専念するならば、カントの人間学と、その人間学を庇護している特殊と普遍の論理学とは、もはや維持できないことが明らかになる。つまり、デッサン画家の実践が、見えるものの内に魅惑的な併存を産み出すことができるのはいかにしてかを把握するためには、原理によって美から快適なものを区別したり、幸福から美を分離するのはふさわしくない。欲求能力と、快や苦を経験する能力とを区別することはふさわしくないのだ。これらの区別の根拠となっているのは、欲求はその対象を消費することを望んでいるという誤った考えと、欲求能力が産み出すことを望んでいる対象の実在性とは何かを誰もがよく知っている、というもう一つの誤った考えでしかないからである。カントにおいては、彼が美学的適意を把握するために有用だと考えている、離脱という観念そのものが、あまりに単純な概念なのである。なぜならそれは、一つの現状を「現実化」したいと望むということがどういうことかについて誰もが理解していることをあらかじめ前提し、それに依存しているからである。フロイト以後、もはやわれわれはカント主義者であることはできない。つまり、欲求能力の対象は本質的に置き換えられたものなのだから、まず考えられるべきなのは、いかなる根拠——不在に関してではなく必然的な様々な置き換えに関して——のもとで、その対象が現に存在していると考えることができるのか、それともできないのかについてなのである。

美学的適意が「すべての関心なし〔ohne alles Interesse〕」であるということはなく、その適意は、対象から、自らが別の仕方で再び産み出した存在する諸々の断片を保持している。対象の

「実在性」から得られた適意の場合、やはり、様々な重要な特徴が、われわれにとってこの実在性の役割を果たす。快適なものと美しいものとの間に原理上の断絶があると想像するのは無駄なことである。なぜなら、カントが快適であると言っていた対象は、原則として、外食することや所有することの進路を変更させているからである。

外食することのこの進路変更と、直接的と見なされた適意からの離脱とは、ある実践が対象と意味作用の特徴の置き換えを考案する過程となっている。こうした過程が記述されるのは、それらを一つの論理学によってあらかじめ概括するのを放棄した場合のみである。そしてこの論理学は、これらの過程を把握する上で、量のカテゴリーが重要であるという予断を下すという誤りを犯しているのだ。

ある二者択一——作動中の思考を捉えること、あるいはその論理を構築すること

注目すべきことだが、芸術的実践の中での、あるいは夢の中での諸対象の置き換えという過程に注意深くあるということと、美とは概念なき普遍であると宣言して思考のあらゆる仕方をあらかじめ統一することとを、同時には行えないのである。概念なき普遍という概念が入りこんでいることは、もし、カントが彼自身の思考の首尾一貫性に対して感じていた喜びを高く評価するな

らば、たしかに興味深いことだろう。しかし、その概念が入りこんでいることは、芸術においてわれわれの中で満足させられるもののことを考える妨げとなる。逆に、対象からの離脱を一つの過程として考えるような諸々の手段が与えられたとき、芸術と哲学とを対照することは、新たな相のもとに現れる。すなわち、それを素材の上で実践することが芸術家の作品そのものであるような、諸々の欲動的対象の置き換えは、作品の産出からよりも、哲学において一層消し去られてしまっているのである。哲学においては、実際のところ、論理学が、完全にはそこに到達することがけっしてないままに、幻想と概念との間にかかった橋を断ち切ろうとしている。カントが量のカテゴリーを経験のあらゆる領域に適用しているということは、それが、それぞれの領域に対しどのような妥当性があろうと、理性の統一性の観念をしっかりと保証しているのであるが、しかしそれは、いくつかの著しい概念的予断という代価を払うことによってであり、また、欲動に対する諸概念の離脱を一つの過程として、さらには、忌避という逆説的な形式を有する一つの関係として捉えることができないという代価を払うことによってなのである。芸術を哲学と区別しているのは、幻想あるいは欲動と概念との間で、排除という逆説的な様態においてつねに織りあげられているような関係の——偉大な体系においては創造的であるような——こうした忌避なのだ。

注

1　J. Lacan, *Le Séminaire*, livre XI : *Les quatre concepts fondamentaux de la psychanalyse*, Paris, Seuil, 1973, p.93.（ラカン『精神分析の四基本概念』、前掲書、一三三頁）

2　S. Freud, *Un souvenir d'enfance de Léonard de Vinci*, trad. Marie Bonaparte, Paris, Gallimard, 1927.（フロイト『レオナルド・ダ・ヴィンチの幼年期のある思い出』、高橋義孝訳、フロイト著作集第三巻、人文書院）とりわけI章およびV章。

3　E. Kant, *Kritik der Urteilskraft, Werkausgabe Band*, X, Suhrkamp Taschenbuch Wissenschaft, Frankfurt am Mein,1974, p.124 et sq.（カント『判断力批判』、原佑訳、カント全集第八巻、理想社、八〇頁より）私は、私が解釈しているテキストを翻訳し直しているが、最近の二つの翻訳を参照してもいる。それは、J. R. Ladmiral, M. B. de Launay, J. M. Vayseによる翻訳（in *Œuvres philosophiques II*, Paris, Gallimard, 1985, p.967 et sq.）と、Alain Renautによる翻訳（Paris, Aubier, 1995, p.189 et sq.）である。

4　【訳注】カント『判断力批判』第七節を参照。カントによれば、快適なものは個々人によって異なるが故に「各人は各様の趣味を持っている」と言うことができるのに対して、美しいものについては、人があるものを美しいと言うとき、彼は他の人々もまたそれに同意することを期待している。ところで、快適なものの場合でも人々の判定が一致することがあるが、この場合の普遍性は「比較上の意味で言われているに過ぎない」のだから、そこには「一般的な規則」しかなく、美しいものについての趣味判断が要求するような「普遍的な規則」は存在しないのである。ここでの「比較上の一般性」とは、カントのこうした議論を踏まえての表現である。

5 【訳注】カント『判断力批判』、前掲書、八八頁。尚、引用の都合上、言葉遣いを一部改めた。

6 *Ibid.*, p.124.（同上、八〇頁）

7 【訳注】同上、八一頁。「（für jedermann）」というドイツ語は、原文にはないが、本文の少し後のところで触れられているので、訳者の判断で挿入した。次注も参照のこと。

8 【訳注】同上、八一頁。原書では、引用文中の「あらゆる他の人々にあっても」につづいて「für jedermann」というドイツ語が括弧に入れて挿入されている。しかしこのドイツ語は引用されているカントの原文にはなく、その直前の文（前注参照）に含まれているものである。

9 【訳注】ここで引用されているドイツ語の文は、本文中のすぐ前のところで引用された『判断力批判』第六節からの一文の、カントによる原文である。

10 【訳注】本章の注7を参照のこと。

11 【訳注】すぐ前のカントからの引用文の中の「彼の主観のみが愛着を持っている」の部分で「愛着を持っている（se trouverait attaché）」のところがフランス語原文では条件法で書かれている。

12 とりわけ Meyer Schapiro, «Léonard et Freud : une étude d'histoire de l'art» および «Deux méprises de Léonard de Vinci suivies d'une erreur de Freud»（in *Style, artiste, société*, Paris, Gallimard, 1982, p.92 et sq.）を見よ。同様に D. Merejkowski, *Le roman de Léonard de Vinci*（Gallimard, 7e ed., 1958）をも参照のこと。

13 *Léonard de Vinci*, Textes traduits, réunis et annotés par André Chastel avec la collaboration de Robert Klein, Paris, Herman, 1964, p.159-160.（『レオナルド・ダ・ヴィンチの手記（上）』杉浦明平訳、岩波文庫、二五一―二五二頁）これらのテキストに対するアンドレ・シャステルの注釈は非常に適切なものである。

14 *Ibid.*, p.163.

15 *Ibid.*, p.60.（『レオナルド・ダ・ヴィンチの手記（上）』、前掲書、二八四頁）

第五章　普遍を性差の中に探し求める必要があるのか

――ラカンにおける「性別化の定式」

普遍、すなわち、理性の統一性の保証人

普遍性の概念は、カント以来、合理主義の近・現代性を要約する概念となっているが、これは、デカルト的な意味における不明瞭な概念である。よく知られているように、デカルトにおける不明瞭な観念とは、別の観念と区別のつかない観念のことである。つまり、普遍性の概念は、たんに命題の論理的主語の普遍という量を示すだけではけっしてなく、カント的な理性の体系性の中で、その統一の機能によって、アリストテレス的論理学の残滓を保持しているのだ。アリストテレスの論理学は形式論理学を基礎づけたが、それは、形式論理学を存在論へとしっかり結びつけることによってでしかなかった。実際、アリストテレスにおいては、普遍の系列性は、明らかに、全体性を考慮することへと結びついていた。「普遍（katholou）ということで私が理解するのは、そのすべてのものについて（kata pantos）あり、またそのもの自体に即して（kath'auto）あり、

そのものであるかぎりにおいて〔ē autō〕あるもののことである」。『分析論後書』のこのような定義によれば、普遍は、たんに外延においてのみ理解されてはならないし、またたんに、同じクラスに属するあらゆる個体にとって共通のものや、同じ類に含まれるあらゆる主語にとって共通のものというだけではない。普遍とは、そうしたもののそれぞれに本質的に属しており、また、それ自身によって考慮されたそれぞれの存在に対していわば必然的に属しているようなもののことである。こうした必然性は、全体性の観念を二通りの仕方で入り込ませている。すなわち、ある概念が普遍的であるのはその内的規定によってであるということと、さらにまた、そのことによって、その概念が世界全体〔univers〕を考慮に入れていることになるということ、つまり、われわれの判断の妥当な諸連関がその序列を尊重するような、存在論的に秩序づけられたすべて〔tout〕を考慮に入れていることになる、ということである。アリストテレスの三段論法は、われわれの判断の質——肯定的あるいは否定的——および量——全称、特称あるいは単称——にのっとっており、この論法によって必然的な諸命題を連ねて行くことが可能となっている。この必然的諸命題とは、存在の領域のそれぞれがそれのおかげで他の領域に関係づけられるような類似に対して、存在の意味の多義性を関係づけている命題のことである。普遍は、一つの論理学から一つの存在論への連関から脱する必要はない。反対に、普遍が、述語論理にそれらが属するのを基礎づけているのだ。なぜなら、主語と述語を結びつけている繋辞——「である」——の結合の機能は、存在という絶対的かつ類似的な意味にしっかりと固定されているからである。以上のことは、十分に知られている。

カントによって、絶対的なものがあらゆる存在論的規定を失うとき——全体性それ自体は認識しえない——人は、次のように考えるに違いない。普遍の系列的あるいは外延的規定は自立的なものとなるであろうし、また、世界全体の序列的秩序に対してと同時に、さらにロゴスが展開するであろうような存在の内的必然性の観念に対しての、あらかじめの準拠を失うだろう、と。しかし十分に検討したように、そんなことにはまったくならない。アリストテレス的な全体性のうち、無条件的なものが残りつづけるのだ。道徳法則はすべての行為、すべての人にとって妥当するのであり、それは諸々の理性的意志からなるある世界全体を考慮することを前提している。この世界全体は現実的なものではなく（そうだとすれば一つの存在論的序列に再び陥ってしまうことになるだろう）可能的なものであり、カントはこれを目的の支配と呼ぶ。たしかに、われわれが「すべての人にとって法則が妥当する」と言うとき、われわれの判断の量は、世界全体の中の人間の立場を類的に記述しているのではもはやない。しかしながら、法則の無条件性は、カントによって、アリストテレス的必然性の代わりにやってくるものとしてはっきり定義されているのである。

代わりに〔A la place〕、という言い方は当を得たものである。というのも、カントは無条件的なものを、理論理性と実践理性との連関において彼がそれに割り当てている場所〔place〕によって定義しているからである。[2] つまり、全体としての世界は認識しえないのであって、とりわけ、そうした世界については、何ものかが世界の原因になっているとも、なっていない、つまり世界は自由であるとも、確かな仕方で言うことができないのである。存在するものすべてを囲っているもの、すなわち、われわれが世界、世界全体あるいは宇宙と呼んでいるようなものは、もはや認識には属さない。そしてそうだとすれば、「すべて」という短い言葉は、もはや一つのすべて、一つの全体性とはけっして何の関係も持たない、と考えなければならないはずである。しかしながら、自由な原因という観念は、その現実性においては打ち立てられることができないが「矛盾という意味で不可能ではない」[3]、という事実のおかげで、認識されえないが思考されうるようなすべて〔tout〕という観念は、アリストテレスにおいては全体性であったものの代わりに、意志の自由を置くことを可能にする。全体性に関して場所が一つ残っているのであり、この全体性の概念がいまや名前を変え、無条件性と呼ばれるようになるのだ。つまり、無条件的なものとは、いかなる制約にも従わず、あらゆる場合において絶対的に妥当するもののことである。世界、すなわち諸現象のすべてという観念は、矛盾という意味で不可能ではない観念なので、それを、意志の自由を考える上で役立てることができる。自由な原因の観念、つまり、おのれ自身以外のものがその原因となっていることはないような原因の観念が、理性の宇宙論において、世界の認識を可能にすることなしにその世界の規定を与え、さらにまた、法則に対するわれわれの関係の規定をも与えるとされるのである。義務とは、実践理性において自己以外のいかなるものもその原因とはならないようなわれわれの意志の一つの規定であり、したがって、まさしくその絶対性こそが、その意志があらゆる場合において妥当しているという、系列的あるいは外延的な事実を基礎づける。カントによれば世界全体はもはや存在しないのだが、普遍の論理的機能と絶対的なものとの連関は残り続けている。だからこそ、われわれは、系列性を伴っているすべて〔tout〕が、それ以後は無条件的なものと呼ばれて、行為の哲学や芸術の哲学の内に頻繁に再び姿を現しているのを見たのである。そしてまた、無条件的なものと絶対的なものとの共謀を露にするためにこそ、サドは、カントよりも根源的な仕方で、その共謀を一つの論理的機能へと還元しているのだ。この論理的機能は、何であろうと、法則の超越とまったく同様に享楽の恣意性をも、自らの中に収めることができるのである。

これらのものの回帰は、カントによってそのつど正当化されているわけではない。唯一、絶対的なものの回帰だけが特に正当化の試みの対象となっている。この試みによって、自由の観念が、体系の中でアリストテレス的宇宙の代わりに据えられている。「すべて」は、全体性の観念や世界の内的統一性の観念にしっかりと結びつけられたままである。なぜなら、カントがわれわれに述べているように、人間の行為は外的自然の現象として――原因と結果の連鎖として――分析することができるのであって、このことから、われわれの行為が、先行するいかなるものによっても決定されていないものとして、自由なものとして、無条件的なものとして矛盾なく思考されることもまた可能ではないのかどうかという問題が生じるからである。実践的なものに対する宇宙論的なもののこうした連関を、カント自身は、自由の観念は批判的建造物の要石であると言うことによって要約している。しかし、もし、たまたま、人間の行為を外的現象に比較することが人為的あるいは任意のものであったとすれば、もし、外的自然とわれわれの本性とを類比するのが、人間の行為の分析に取りかかる良い方法ではなかったとすれば――とりわけ、この類比が内的と言われるような現象の現実性というあまりに単純な考え方に立脚していたのだとすれば――意志の自由も、あるいはまた無条件的命法に還元された絶対的なものをも、不可能ではないと規定する必然性はもはやないことになるだろう。またこのことから、普遍の系列性は、全体性の観念から独立していることになるだろう。したがって、自由が批判的建造物の要石であると言うことは、この建造物のもろさをなしている点を示すことでもある。なぜ、明確な諸カテゴリーに基づいて行われた行為の分析を、まったく別の用法のために、つまり外的現象の認識のためにそっくり真似なければならないのだろうか。なぜ、理性は、それが行使されるあらゆる領域においてただ一つのものである必要があるのだろうか。明らかに、普遍についての学説は、この問いに答えるどころか、その問いを立てることの妨げとなっている。なぜなら、その学説は、われわれの経験の領野に関してわれわれが述べている諸判断の量の問題が、この領野のことを気にかけている思考の合理性について決定を下すような決定的な問題であることを前提しているからである。しかし、このような選択が正当化されることはけっしてない。むしろその選択は、実際には哲学的レトリックによって行われている。そしてこの結果として、世界全体なるものが、普遍についての超越論的論理学の中に戻ってくるのである。

さて、われわれの判断の量があらゆる領域に入りこんでいると主張することによって、理性のあらゆる相を統一するという決意は、別のものを犠牲にすることによって実行されている。すなわち、カントは、欲求が対象から離脱するという過程について考えていないのである。彼はそのような事情に気づいているのだが、この過程が普遍の機能の一覧表によって要約されるとき、普遍の論理はその過程を完了済みのものとして示す。そしてカントは、離脱を一つの美学的過程として考えること、あるいはまた、彼が欲求能力と名づけているものと快苦を感じる能力と名づけているものとの間の一つの結びつきとして考えることを、断念するのである。

普遍性の概念は、そのあらゆる用法を基礎づけるどころか、思考の多様な領域を凝縮するような一つの戦略を遂行している。その領域とは、欲求能力と快や苦を感じる能力とを分離することができると信じている人間学、法則を前にした人間についての理論、外的現象とそれと同じ諸カテゴリーによって分析可能であると想定されているわれわれの行為との間の類比、判断の学説、である。近代的ではなく現代的な用語で、つまりフロイトの用語で言えば、カント的普遍は、欲望の諸対象の無差別化という考え方を、法の主体という考え方と結び合わせている。この戦略は、「快や苦がいかなる表象に付随するのか、誰もアプリオリに知ることはできない」、つまり、感性的諸欲求の秩序がアプリオリなものを呼び起こすことはない、という偽の原理によって要約されている。普遍が人間の経験の諸領野を統一するためには、支払うべき代価は、理性的には、重いものである。それは、思考の盲点および停止という点で重いのである。

ラカンはどのようにして普遍を論じているか

しかしながら、ますます驚くべきことに、現代の思考において、新たな諸領域についての思考へと広がって行かねばならないというとき、普遍が、われわれの経験を要約する諸判断の量化という観点から、あいかわらず頼りにされているのである。すなわち、ジャック・ラカンは、よく知られているように、性別化を構成している様々な逆説の波及効果を示そうとして全称量化子〔＝「すべて」〕に助けを求め、これによって、彼が「非‐性関係〔non-rapport sexuel〕」と名づけたものを説明するある形式的エクリチュールを考案したのであった。

まず、セミネール第二十巻『アンコール』[4]において示されている、彼の様々な定式化について考えてみよう。

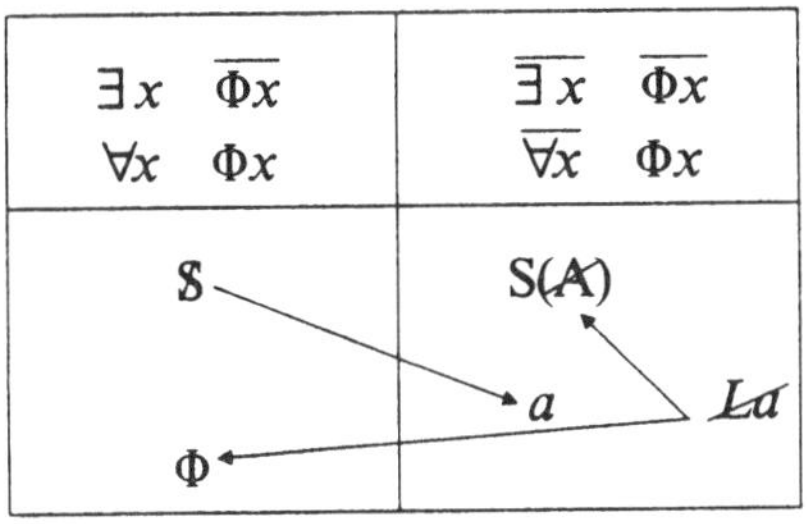

もし、ファルスの項がΦによって示されており、その身体的イメージとは勃起と鎮止という試練が課せられているペニスであって、ペニスはこうした試練によって、全能でありたいと望んでいる支配をその所有が逃れているという事実を具現化するのに適するものとなっているのだとすれば、ラカンの言うように、男性的なものと女性的なものを、両性が欠如のシニフィアンとしてのファルスに関係づけられてい

る際のはっきり区別された仕方によって、定義することができる。

男性とは、「すべてのｘに対してΦ（ｘ）である」と「Φ（ｘ）でないようなあるｘが存在する」という二つの命題の連言が妥当する存在である。これは、『トーテムとタブー』のフロイト的神話を、命題関数の論理学に翻訳したものである。この神話によれば、男性にとって、男性であるという彼の能力を根拠づけているのは、去勢によって関係づけられているのを受け入れていることである。そしてこのことが無意識において伴っているのは、少なくとも一人の男性つまり原始的な部族の父が、彼はあらゆる女性を享楽していたのだから、去勢されてはいなかったのは確かだ、ということである。神話では、結束した兄弟たちが全能の父を殺し、男性たちの連帯は、この殺害の共通の抑圧によって基礎づけられているとされている。ラカンは、神話を読み直して、全能性の妄想的な確実さが、それが被る抑圧によって内部から限界づけられているということを示す。すなわち、無意識の中では、少なくとも一人は去勢されていないという考えが残り続けているのだが、このことによって、実際の男性たちが去勢されているのを、つまり、男性たちを男性たらしめているものが欠如によって徴しづけられているのを、受け入れることが可能になるのである。論理的観点から言えば、全称命題関数は、それを否定するような存在特称命題に結びつけられている。快感原則の全能性から現実原則の限界づけへの移行は、この横断作用によって行われているのである。

したがって、ラカンは、アリストテレス的な矛盾の概念を変容させているのだ。矛盾の概念は、妥当な諸命題の連鎖から、全称肯定命題と特称否定命題とのつながりを排除することによって成り立っていた。つまり、すべての人間は死ぬということと、ソクラテスは死なないということを、同時に主張することはできないのである。論理学者にとって、矛盾という基準は大切なものである。なぜなら、それは、全称肯定命題と特称否定命題とを伴立[5]によって結びつけるような諸命題の連関を排除するのを可能にしてくれるからである。相反する二つの性質の対立が問題になっている時、このような言語の秩序を維持するのはそれほど容易ではない。つまり、これこれの人が同時に若くかつ年をとっていることがありうるのであって、これは、述語が主語に結びつけられる仕方やその時期による。こうした場合には、論理的主語の全称あるいは特称という量的な基準は、命題の有効な連鎖を構成するのに十分ではないだろう。アリストテレスにとって、何が排除されているのかを知ることとは、何が真であると認められているのかを知ることである。ラカン自身は、二つの矛盾する命題を真として認める。なぜなら、それらの命題が、主体において確立されている妥協、主体を信の残りかすと彼の去勢の承認とに分割するような妥協を、もっとも正確に記述しているからである。彼は別のところで、次のように付け加えている。すなわち、大衆の知恵は、例外は規則を確かなものにするという言い回しが用いられるとき、その分野に関しては論理学者よりも正確に見て取っているのだ、と。つまり、彼が述べているのは、全称肯定命題とそれに異を唱えている特称否定命題との間の、規則にかなった強い結びつきは、思考が去勢の過程に負っているものを考慮に入れているのだ、ということである。この観点から、サドを非常に優れた論理学者と見なすことができる。なぜならすでに見たように、サドは、唯一者の享楽という例外を、唯一者の違反そのものによって規則の普遍性を成立させるものとして、設けているからである。したがって、ラカンにとって重要なのは、たんに、性的同一性を規定するものとしての去勢を論理的に定式化できるのを示すことだけではない。さらにまた、論理学が性別化の様々な逆説をはらんでいるのを示すこともやはり重要なのである。論理学と精神分析との間にラカンが打ち立てた関係は、相互的なものである。他方で、臨床の観点から見れば、重要なのは、ある男性にとって欲望が実現するということが、法、つまり自らの欲望の一般的妥当性を確かなものとする唯一の手段を、「例外的に」侵犯するものに関わっているのを示すことである。

　女性に関して、現実原則を同じように打ち立てるならば、それは次のような定式に集約される。すなわち、「すべての x に対して Φ（x）というわけではない」と組になった「Φ(x) でないような x は存在しない」である。この定式は、「ファルス関数と関わりのないようないかなる女性も存在しない」と読める。この命題は、「すべての女性が、この関数に関わりがあるわけではない」というもう一つの命題と結びつけられている。これは、女性はあらゆる点で去勢によって標示されるわけではない、という考えに対応してもいる。すなわち、女性を女性たらしめているものの内の何かが、やはり女性に関わっているような規定に関する過剰の中で作用しているのであり、一人の女性が「すべて」ファルス関数の内にある[6]わけでは「ない」のだ。否定をこのように全称量化子に対して用いることは、ラカンがフレーゲに対してとっている隔たりを示している。というのもフレーゲは、論理学においては、命題関数を対象とし項は対象としないような否定しか取り上げないよう提案しているからである。同時に、ラカンは一つの指摘を付け加えているのだが、これは様々な論議を引き起こし、ひんしゅくを買ったり感嘆されたりした。それは、女性の立場を端的に示している定式が全称量化子を肯定の形で用いていないということは、〈女なるもの〉は存在しない、〈女なるもの〉一般は意味を欠いた定式である、ということを含意するだろう、という指摘である。このことが意味しているのは、ドン・ジュアンのような男にとって、女は、たとえ千と三人であるとしても、一つの類を構成することはないということ、そして同時にまた、女性たちが、思考の様態そのものであるような普遍の中には書き込まれないということである。女性たちは、女性という彼女たちの立場が普遍的にみて何から構成されているのかを、けっして言うことができない。すなわち、彼女らは、言葉の本性であるような事物の木性からは排除されており、[7] 全称量化子を備えた命題関数の使用を前提とする〈象徴界〉に対して過剰である、と。女性的なものを神話的な位置のへりに引っかからせているこうした過剰を称賛するにせよ嘆くにせよ、というのも、この過剰は、女性は自分自身のことを思考できないということを含意しているからなのだが、いずれにせよ、ラカンは、女性と普遍との間に、非‐関係を打ち立てた。これらの主張は、フロイトの主張を引き継いだものである。フロイトは次のように書いたことがあった。女性の昇華の能力は限定されているが、その理由は、三十歳になると、欲動の移動および対象の置き換えの可動性が、女性においては、不変でありほぼ自然的であると考えられた一続きのもの、つまり糞便、父のペニス、子等々に固定化されることになるからである、と。「性別化の定式」の支持者たちは、次のことに注意を促している。すなわち、女性を貶めることが問題になっているのではけっしてないこと、女性に関する定式は、関連した様々な主体を普遍という囲いの中に閉じこめるのとは異なる論理的特性を持っているような、諸々の存在命題を介入させているのだということ、女性はファルス関数の中に部分的に書き込まれているのだということ、さらに、生物学的に男性であるような個体は女性の立場に、また、生物学的に女性であるような個体は男性の立場に書き込まれることがありうるということ、である。これらの注意には何の効果もない。ラカンは、本書の目的にとって重要となるような仕方で、女性と普遍性を切り離している。さしあたって問題なのは、私が普遍の概念について行っている批判がこうした議論と関わりがあるのかどうか、また、あるとすればそれはいかにしてなのかを知ることである。

このことのためには、まず、ラカンにおいて性別化が論理学と関わりがあるとされているのはいかなる意味においてなのかを理解するのがふさわしい。なぜなら、もし、ファルスの問題に関する非対称性を記述することだけが重要なのだとすれば、普遍に対して男性と女性が立場を異にしていることに助けを求める必要は、おそらくないからである。実際、ラカンは『L'Étourdit』[8]の中で、論理学に助けを求めつつ、まず、性別化された存在がそれによって構成されているような逆説を、もっぱら文法およびレトリックの巧みさの力によって記述することを提案している。

「男性は、それを所有することなしには存在せず、女性は、それを所有することなしに存在している」。この見事で複雑な定式によって、彼は、性別化とは何かを定義している。この文は、存在と所有の巧みな弁証法によって非対称性を機能させているのだが、この弁証法は、Φがそうなることを望んでいるような——しかしここでは、Φは暗示的で省略された人称代名詞に還元されているのだが——かなり一般的な項を巡ってのものである。他方で、「…なしには存在しない」という表現は、「存在する」という動詞の存在論的な重みを軽減するような否定によって属性の論理を問題にしており、そしてこのことによって、性別化を規定しているものが、あらゆる存在論的規定から、したがってまた、おそらくはアリストテレス的な論理学から逃れていることを示しているのである。しかし、表現が不十分なままに留まっているのはいかなる点においてなのか十分明らかであろう。つまり女性の側からすれば、性別化がいまだ存在に結びついたものとして示されているのであり、また、このような自然主義の臭いは、性別化は古代ギリシア以来西洋の思考が依然として従属している存在論を覆す、というラカンの主張を満足させることができなかったのである。論理学に助けを求めることで、とりわけ、アリストテレスの存在 - 論とは縁を切っていたフレーゲの論理学に助けを求めることで、ラカンは彼固有のものをより先鋭化させることができるようになるのだ。

フレーゲにおける数と、フロイトにおける一なる印し

ラカンが論理学者フレーゲから借用したことは二回ある。一九六一―一九六二年に行われた『同一化』についてのセミネール、これはまだ未公刊であるが、このセミネールは次のことを明らかにした。すなわち、〈他者〉からやってくる諸々の特徴、これをフロイトは一なる印し、einziger Zugと名づけたのだが[9]、これに対する一連の同一化によって形成される無意識の主体について思考するためには、フレーゲの数についての哲学を参照することが役に立つ、ということである。フレーゲは実際、『算術の基礎』[10]の中で「単位と一についてのいくつかの見解」について検討している。彼はこのテキストの中で、ユークリッドからライプニッツに至るまで、数の概念をつねに損なってきた一つの混同にけりをつけたのであった。この混同とは、単位の二つの意味を区別しないということである。つまり、一とはあらゆる数の内の最初のものであると同時に、数全体の系列の内のあらゆる数の形成に関わる単位であるということが、誤って前提されているのだ。さて、算術における、最初の数と何らかの数の構成法則とのこの混同によって、数は、属性である諸特性を備えた論理的主語というモデルに倣った内的な単位とされる。このような考えからすれば、「一つの町が、賢明な人間という場合と同じように理解されねばならないだろう」とフレーゲは書いている。数の定義において厳密さが欠けているということは、諸々の数学的存在そのものが述語論理に従属させられていることに起因するのだ。さて、「境界画定、不分割、

不分割性は、われわれが『一』という言葉で表現しているものを性格づけるのに役立つことができない（…）一と単位とを区別しなければならないのだ。『一』という言葉は、それが数学の対象の固有名であるかぎりでは、複数のものとなることはできない。したがってそれは、いくつかの一を結びつけることによって数を産み出すといった意味を持たない。1+1=2 における＋という記号は、このような結びつきを意味することはできないのである」。このことから、存在の属性と概念の特性とが区別されることになろう。「ある数を与えること、それはある概念について何ごとかを言明することである」。そしてこの観点からすれば、〇《ゼロ》とは一つの数であり、古代の様々な定義はこのことを認めることができなかったのである。「私が『金星は〇の月をもっている』と言うとき、何事かが言明されうるようないかなる月、あるいはいかなる集合体も存在しないのであるが、『金星の月』という概念には一つの特性が帰属させられている。つまり、何も包摂していないという特性である。もし私が『皇帝の四輪馬車は四頭の馬に引かれている』と言うとき、私が四という数を帰属させているのは、『皇帝の四輪馬車を引いている馬』という概念に対してである」。

これらの有名な例は決定的なものである。なぜなら、重要なのはまさに、言語は「存在する」という動詞の連結の機能を利用することによって存在を語っているという考えと縁を切ることにほかならないからである。重要なのは、たんに、数が他の特性と並ぶ一つの特性ではないことに注意する、ということばかりではない。数を孤立させ、定義し直すことによって、引用箇所から理解されるように、われわれの言語のあらゆる要求について考え直すことが重要なのである。妥当な推論に関する論理的記述においては、存在論的な幻想の担い手である「存在する」と「所有する」という二つの動詞が消し去られる。以来、二種の命題が区別され、人はそれらに〈真〉の真理値と〈偽〉の真理値を与えるのにしたがって、それらを異なった仕方で扱うことになるであろう。このような理由で、様々な否定が打ち消しの範囲の紛らわしい諸項にもとづいているのに対して、フレーゲが否定として取り上げるのは、命題全体に対する、右の二種の命題の区別を可能にしてくれる否定のみである。われわれはもはや「…は真であるか、または偽である」と言う必要さえなくなるだろう。この違いを標示し、「存在する」という動詞と否定の使用に結びついている様々な幻想を遠ざけるためには、一つの書かれた記号があれば十分なのである。

ラカンは、最初にフレーゲに言及したときには、集合の論理的一貫性に関してフレーゲの思想を引用してはいるものの、主として数と単位についての考察に関心を寄せている。なぜなら、精神分析における同一化においては、主体の数えるという現象が存在しており、これは、主体の「存在すること」の減退を含意しているからである。つまり、主体は、〈他者〉から彼のところにやってくる決定的な印しによって一として数えられるのだ。この印しは次のような事実によって生じる。それは、主体が近親相姦的愛情の最初の諸対象を失わねばならなかったという事実、および、主体が、それらの対象の内の残っているものになり、あるいはさらに、構成的〈他者〉についてその残っているものを標示したものになるという事実、つまりは、主体は〈他者〉のこれこれの特徴と同一なものとなるという事実である。数がフレーゲによって内的な単位としてはもはや考えられていないのと同様に、主体はラカンによってもはや一つの存在として考えられてはおらず、むしろ、主体自身とは別のところからやってくるものを、彼がもっとも「おのれ自身」であると考えるものの中に書き込むような諸々の特徴として考えられているのである。主体は、もしそれが同一化によって構成されているとすれば、「同じもの」ではない。一なるもの〔l'unaire〕とは一つのもの〔l'un〕ではないのだ。それは、全体的なもの、統一化されたものを禁じる。逆に、主体が持っている、フロイトが言っていたところの「他に同じようなもののない」唯一の〔einzig〕ものとして主体の生を際だたせるような反復において、主体は告知されるのである。数についてのフレーゲの理論に助けを求めることによって、ラカンは一九六一―一九六二年に、無意識と意識との関係において形成される主体は一つの関数であって存在ではないという考えを、シニフィアンの理論だけを頼りとしていた頃に比べてより一層確かなものとしている。さらに、一九六一―一九六二年において、ラカンはエクリチュールのことを強調している。すなわち、同一化において、無意識の主体は論理学を基礎づけているものに触れているのであり、それは、一なる印しにおいては、意味作用のあらゆる効果に論理的に先立つある書き込みが重要だからだ、と彼は言うのである。

命題関数としての性別化、量化、現実存在

ラカンが二度目にフレーゲに言及したときには、フレーゲを参照するということが、同一化について考えることばかりではなく、「性関係の中にずっと書き込まれないままでいるものを補うもの」について考えることに対しても役立っている。性関係は、それ自身によってはいかなる規定ももたらすことはないが、しかし、ファルスに対する両性の関係についてのエクリチュールは、理論的不可能性を補っている。この不可能性とは、人間の性的事象がそれによって成り立っている誤解が、思考にもたらした効果である。思考は、ファルスに対する両性の関係によって書き表されうるものによって、この不適合の経験を考慮に入れる。実際、考慮に入れなければならない。なぜなら、論理学が存在を語る代わりに現実存在を書き記すようになったことで、判断における量の諸標識は追い払われるどころか、その重要性が強化され定義し直されているからである。フレーゲが、古代の論理学の主語と述語とを、関数とアーギュメントとの区別という命題についてのもう一つの基本的な区分によって置き換えるとき、[11] 命題においてすべてが変化する。つまり、たとえ主語と述語が一般項、変項となりえていたとしても、命題関数においては、諸項が一般的であるのは別の意味においてだからである。関数とは、一つの関係の置かれている状況のことである。すなわち、アーギュメントは変項を含んでいて、関数を補完しているのであり、関数には、あらゆるアーギュメントに対して一つの真理値を持つような関数として定義される概念が連関し

ている。例えば、2x+1は一つの関数であり、2x+1=0は、変項のあらゆる値に対して一つの真理値を受け取るような一つの概念である。数学では、この真理値は方程式の解と呼ばれている。しかし、自然言語を定義し直すためにこの数学に拠って立っている論理学においては、解は真理値となる。たとえすべてが変化して、述語命題が命題関数となるとしても、どちらの場合においても論理学者は、量のカテゴリーに重要な役割を与えている。アリストテレスは判断から主語の量を区別していたが、フレーゲは、命題関数の全称量化子を新たな論理学の中で定義しているのである。この論理学においては、量が三度も入りこんでいる。まず、アーギュメントが、普遍項を表す変項をまきこんでいる。次に、概念の外延という観念が、〈真〉と〈偽〉が分化するときに数を導入している。なぜなら、二つの真理値が存在するからであり、また一つの関数から出発して定義される概念にとって真理値は二つしか存在しないからである。最後に、「〇《ゼロ》の月」および「四頭の高貴な馬」の例に関してすでに見たように、フレーゲは現実存在について、もはや量化を介することによってしか語ることはないだろう。「現実存在を主張することとは、まさしく、ゼロという数字を否定することにほかならない」[12]。言語の指示機能は、フレーゲにおいては、（論理的定数であるような固有名に対しては除いて）量化を経ることによってのみ、物に対する言葉の関係を認めるという原理に従うのである。

この歩みの中で、ラカンの興味を引きつけることができたのは一体何であろうか。現実存在を抜本的な仕方で定義し直すというこの企ては、彼には、様々な存在論的幻想を解消するのに適しているように見えたのである。これらの幻想は、もっぱら同一化に結びついているだけではなく、さらに両性の出会いにも結びついている。この出会いは、両性の間に真の関係がないことからファルスを関数として捉えるような性別化された立場が、それについて書き記すことのできるものによってでなければ、関係とはならないのだ。

『幻想の論理』に関する未公刊のセミネールの中で、とりわけ、一九六七年四月一二日および一九日のセミネールにおいて、ラカンは性行為を次のような仕方で位置づけている。彼はまず、性関係は存在しない、と言明する。これは、主体が行為において自らの欲望の対象に遭遇することはなく、主体には他者がその対象を包み隠しているように見える、ということを意味している。この対象は、性関係が他者のおかげでその経験となるようなある完結性の道具ではけっしてありえない。なぜなら、この対象はむしろ主体の部分を表しており、この部分は主体自身に同化されることがなく、また性的な出会いがその部分について、次のような性格を確証しているからである。それは、性的な出会いにつねに含まれており、両性に対してペニスの勃起と鎮止がその象徴となっている、そのような充足されない部分によっては同化されることがないという性格である。この対象は主体を、主体自身を構成しつつ主体から逃れるもの、つまり「a」と呼ばれている対象に対面させる。対象が欲望の原因であるということは、対象が主体の構造の内部に存するということを含意しているのだ。いかなる他者も、たとえ性行為がその対象の幻想を保ったままであるにせよ、厳密に言えばその対象を与えることはできないだろう。ここにおいてこそ、「非‐性関係」の問題が同一化の問題と合流する。ラカンは、対象「a」がたんに性行為に結びついているのみならず、別の行為にも、すなわち、無意識と直接関係しており、転移において先鋭化するような作用、つまり反復にも結びついていると主張する。さて、対象は、欲望の原因となっており、また、主体が自らの語りえないことをそこで行っているような諸反復を活気づけているのだが、そうした対象は、一なる印し、つまり、他者によって対象の欲望の構造の内に残された外傷の痕跡へと差し向ける。ラカンに従えばこの対象は、主体の愛の出会いをアプリオリに規定することによって――なぜなら、他者が現実的であるのは、彼がこの対象を含んでいるように見える場合のみだからである――、性行為がその担い手であるような統合および存在の幻想によって覆い隠されているのである。逆に、対象が姿を現すことができるのは、欲動の昇華という運命、つまり、直接的な性的満足を諦めて、構成的にして同化されえないような対象の設計図が主体の生成物の中でくっきりと姿を現すようにする、そのような運命においてである。ラカンの思考においては、性的不満――行為が欲望をけっしてすっかり満足させることがなかった――とは、反復と非‐性関係の理論が説明してくれる現象なのである。このことはまた、メタ心理学的には、性が語るとは言えないということを意味している。すなわち、無意識は性について語るのだが、性それ自身は無意識ではないのだ。性別化された身体の出会いにおいて、パートナーたちのそれぞれの性的同一性は、しくじったり、各々をその欲望へと差し向けるものによってのみ見出される。

「もし性関係が存在したとすれば、その関係は、それぞれの性別の主体がシニフィアンの水準で他者の何かに触れることができるということを意味したでしょう。すなわちこのことは、他者における、意識も無意識さえも伴わず、たんに一致を伴っていたことでしょう」。ラカンは、まさにこうした幻想を解体することに専心している。性的事象（sexualité）という言葉が意味しているのは、たとえ無意識のシニフィアン的実質が性的であるとしても性は語らない、ということである。そして、両性の関係という観点からすれば、以上のことは、両性の指示対象が見出されないということを含意している。性行為が完成させるような男性的なものと女性的なものという本質は存在しないのである。非‐性関係に関するラカンの理論のいくつかの相について議論することもできるのだが、[13] われわれの当面の目的にとっては、精神分析的臨床の理論のいかなる点に、存在論の批判が、より正確には、性別化の定式のエクリチュールにおいて量化に助けを求めるということが入りこんでいるのかを把握することがふさわしい。

『...Ou pire...』と題された一九七一―一九七二年度の未公刊のセミネールの中で、さらにまた『L'Étourdit』あるいはセミネール二十巻『アンコール』といった公刊されたテキストにおいても、ラカンは、男性的なものと女性的なものを量化の網において捉える一つのエクリチュールが、両性の関係の中で「書かれないままであり続けるようなもの」を考慮することができるのはどのような点においてなのかを、明らかにしようと試みている。

ラカンが最初に関心を抱いたのは、すでに見たように、両性の関係を関数とアーギュメントという言葉で扱うことによって、男性の立場を記述するために、ある全称判断と、それと矛盾している存在判断とを結びつけることが可能になるということである。同じ関数が、まず、存在量化子と関数の両方に対する否定を被り、さらに、全称量化子に対する否定（「すべてではない」）を被ることによって、女性の立場を記述することを可能にしている。これらの定式によって把握することができるのは、二つの性が、それらが一つの同じ関数、つまりファルス関数と言われているものに対する関係によって規定されているにもかかわらず、補完的な関係にはない、ということである。しかし同じく決定的なのは、関係とはなっていない二つの性の結びつきにおいて、男性的なものと女性的なものとがここで同じ一つの関数にはならないということである。つまり、男性が存在する、そして女性が存在する、あるいはむしろ、女性という本質が問題になることなしに一人の女性が存在する（なぜなら〈女なるもの〉は存在しないからである）のだ。ラカンはここで、とりわけ男性の側の記述において、「関数＝機能」という言葉の倍音に乗じている。一人の男性が男性たちからなる普遍性から離脱しているという、存在の中には保証を持たない存在判断が、一人の男性が自らを男性とする行為の危険をはらんだ例外的な相を記述しているのである。ラカンによれば、存在命題が形式化している例外のおかげで、〈一者〉が存在する——つまり「Y a d'l'Un」——あるいはさらに「Unien」が存在するのであり、これは同一化の特徴の一なるもの〔l'unaire〕からは区別される。一人の男性が男性なのは、彼が、すべての男性が去勢されていることを知っているにもかかわらず、自分のことをつねに多かれ少なかれ部族の父であると考えることによってである。他方で、ラカンが提示している読解においては、諸定式の多義性が次のことを理解させてくれる。それは、少なくとも一人の男性を、集合として把握された男性たちの普遍性から逃れさせるような欲望の対象 - 原因の問題系と、父の神話、つまり、去勢されていなかった者が少なくとも一人いるという神話とが、互いに結びつくということである。したがって、存在判断は、男性を普遍のトートロジーから逃れさせるような唯一の要素である対象を特殊化する関数に、対応しているのである。このトートロジーは、ここで、男性たちを再統合するようなファルス関数のナルシシズムを指し示している。（別のところで指摘するつもりなのだが、ラカンにおいては、ファルス関数という表現が文脈にしたがって矛盾する意味をもっており、それはあたかも、その表現が「男性」の立場に関する二つの命題を同時に指し示しているかのようである。）したがって男性の側の定式の解釈は次のようになる。すなわち、男性の欲望に属している、象徴界の中でその姿が映し出されることのありえないもの、これを受肉している女性たちに対する彼の欲望を特殊なものとする出来事のみが、男性なるものを一人の男性とする、ということである。このことから、存在否定判断が形式化しているのは、一人の男性を一つの集合の要素として定義するような普遍から逃れた唯一の空隙であることになるだろう。一人の男性が現実存在しているのだが、それは、彼を男性的なものの普遍の内に閉じこめているもの、つまり、他者にはいかなる超越も残しておくことのないような愛のナルシシズムの内に彼を閉じこめているものに関して、例外を為すという仕方によってなのである。

以上のことをさらに進展させるために、ラカンは、自分用に解釈し直したフレーゲの指摘を拠り所としている。フレーゲに従えば、全称判断は純粋な可能性である。「たしかに、一見したところ、あらゆる鯨は哺乳類であるという命題は動物に関わっており、概念にではないように見える。しかし、語られているのはいかなる動物かについて問うならば、どのような動物も示すことができないであろう」[14]。逆に、存在命題においては、人は一人の人間を手中にしている、また、彼はこれこれであると言われる。この点について、フレーゲはアリストテレスを「修正している」のだ。アリストテレスにとって、普遍命題は、内的な理解可能性を備えた存在を性格づけており、特称よりも大きな威厳を有していた。関数の論理学によって、人はもはや存在論について語ることができなくなり、むしろ指示作用について語る。[15] 全称命題は条件つきの命題であり、何の指示対象も含まない。ラカンにおいては、「ファルス関数に否と言う」存在命題の特権が、男性の立場を、存在の中に保証を持つことはないが現実存在の発端をなす一つの行為として考えるという彼の企てと、結びつけられているのである。

対当によって、ラカンが「〈女なるもの〉は存在しない」と言うとき、彼が表現しているのは、たんに、〈女なるもの〉が、それが有している女性的なものに関して普遍的なものとして定義されないということだけではなく、さらに、その性別化された立場が、規則に対して例外をなすものとして書き記される一つの証明書ではないということでもある。たしかに、〈女なるもの〉は象徴的な規定の普遍性との関わりにおいて過剰であるが、しかしこの過剰が、〈女なるもの〉を存在へと移行させることはない。「すべてではない」という否定は、一つの証明書に準拠しているのではない。それはむしろ、一つの謎へと導くのであり、ラカンはその謎が必然的なものであると主張しているのだ。〈女なるもの〉は、〈女なるもの〉自身にとっても、男性たちにとっても、謎なのである。

無論、次のように言うことによって、事柄をひっくり返さなければならないだろう。すなわち、男性たちが女性的なものを謎の位置に置く必要があるからこそ、彼らは、彼ら自身を鏡に映してみて、女性たちは象徴的なものに対して過剰な立場にあり、彼女たちの享楽が何からなっているのかを言うことができない、と言うに至るのである、と。この享楽が男性にとって非常に謎めいてみえるのは、それが男性にとって表象可能であるような、また彼らの性器がそのエンブレムであるようないかなる享楽も、その原動力としていないからである。われわれはもうすぐ、性別化の定式を、男性的幻想の形成物として考えなければならなくなるだろう。これは、たしかに興味深いことである。しかしそれは、女性は義務の感覚を持たず罪責感も感じないのであって、彼女たちが道徳的なのは道徳性が美しいと思われる場合のみである、とするようなカントの考えから、われわれをそれほど遠ざけてくれるわけではない。非 - 性関係を補うものについて書いたとき、ラカンの方は、彼が記述していた事柄つまり性別化に損なわれていない非 - 関係の定式化を見いだしたと考えたのであった。なるほど、それは失敗であった。しかし、もし、普遍の威光と効能が何によって構成されているのかを、そして彼が感嘆をもってフレーゲを頼りとした理由を理解したいのであれば、あわててラカンを批判することはない。

精神分析家はどこまで論理学者たりうるか

まず、注意してほしいのは、ラカンが性別化に関する自らの表意文字法に関して与えている解釈が、論理学において手本となっている規定の厳密な諸要件に従っていないということである。彼はむしろ大雑把な仕方で、象徴的なものと対象についての理論を、自分の形式論理学の諸々の記号表記の上に積み重ねている。しかしこのことは、それ自体では、無効を宣言する批判にはならない。なぜなら、この形式主義は考えるべき事柄を含んでいるからである。

これに反して、普遍性という言葉の用法には、「すべてのxにとって」が関わっているような「すべての人」の集合論的性格あるいは全体化という性格に関して、曖昧さが残り続けている。一方では、女性と男性との間の非 - 関係についての記述が、つねにファルスという唯一の項を巡ってなされている。他方では、そうした記述が、全体化についてすでに告発されたような威光から完全に解放されているわけではないのだ。セミネール『...Ou pire...』の一九七二年五月一七日の会で、ラカンはまず、属性の〈一〉と、差異の〈一〉と彼の名づけているものとの違いについて述べ、命題関数が、属性と結びついた哲学的観念論を避けるのはいかにしてかを示している。実際、「人間は良い」という命題の場合、その属性に真に見合うことに対する主体の能力が問題となる。プラトン哲学は、そこに出発点を見いだしている。「この属性に見合わないことができ、その述語を満たすのに失敗することができるということを示すのには、つねに十分な理由がありますす」。ギリシア語の文法は、属性によって、感性的なものをその観念上の、したがってまた理念的なモデルに対置させようという気にさせる。感性的なものの真理とは、それを基礎づけている叡知的なものを、不完全な仕方で分有していることにあるのだ。逆に、命題関数においては、概念が、真理の問題はまさしく数によって答えることができる、という仕方で構築されている。「その帰結をはっきりさせるのが問題になっているとき、差異の〈一〉がそれ自体として数えられなければならないのは、それが基礎づけているような集合でありその諸部分を持つものによって言表されている事柄においてなのです。差異の〈一〉は、たんに数えることができるばかりではなく、集合の諸部分においても数えることができるのでなければなりません」。したがって、ラカンは、概念と命題関数とが数に関わっているのは、たんにアーギュメントの量化においてだけではなく、真理値に対する関数の関係においても同様であると考えている。そしてまた、このかぎりにおいて、関数が定義している諸々の集合は、本質的属性によって統合される諸々の全体性として理解される必要はない、とも考えているのだ。存在量化子と共に現れる〈一〉――Φ（x）は真ではないような者が一人存在する――は、差異の〈一〉であるが、それはまさしく、それが数えられるからであり、また判断の拠って立つ事実が、真理値として〈真〉を持っているからである。では、なぜラカンは次のように付け加えたのだろうか。「なぜなら、よく知られているように、すべての人にとって〔pour tout homme〕という関係が、依然として人間を、そこでは属性的にすべての人として定義しているからです。このすべて〔tout〕あるいはすべて〔tous〕とは、一体何なのでしょうか。この補足的な分節化の一側面を基礎づけているすべての人たち〔tous les hommes〕とは一体何のことなのでしょうか。まさにそこから、やり直すことにしましょう」。奇妙なことに、このように考えられているときに、存在命題の〈一〉のみが差異の〈一〉と呼ばれており、男性的なものを性格づけている二番目の判断の全称量化子は、それほど厳密にはフレーゲの原理に従っておらず、またその表現技法においてより古典的な一つのすべて〔tout〕に戻っているのである。これは使用例の一つしかない言葉〔hapax〕なのであろうか。そうではない。翌年の有名なテキスト『L'Étourdit』の中で、ラカンは、人間の生殖において、生は、性とは何かという問いをくり返しているという事実を述べた上で、以下のように付け加えている。「ここから出発することで、われわれは二つの普遍、二つのすべて〔tous〕を獲得しなければならない。これらは、存在である、自分のことを存在だと考えている、そのような語る存在にあって、彼らが交接に至る際、あまりもつれあうことがないような二つの半分を分離するのに十分なほど、しっかりしたものである」[16]。

このテキストは、セミネール『...Ou pire...』よりも定式化という点でより完成したものであり、非常に注目すべきものである。なぜなら、そこで、性別化に関するラカンの考察において、前フレーゲ的で前集合論的な普遍の考え方が回帰してくるのを動機づけているのは何なのかが、理解されるからである。このラカンの文は、その命令的な性格によって、性別化の二つの相がいかにして結びついているのかを示しているのだが、この二つの相は、おそらく彼が主張しているほどには強く結びついていない。というのも、結局のところ、性別化された諸関係の非‐相補性の分析は、両性が理論的に二つのすべて〔tout〕に分離されるということなしに、誤解についての理論の対象となりうるであろうからである。男性の立場を定義するために去勢の法における例外に関してラカンが述べているすべてのこと、そして、女性の立場を定義するために「すべてではない」へと彼が進展させているすべてのことは、性関係における本質的な失敗の分析が、共にすべてであるような二つの半分があらかじめ構成されていることを前提とする、という考えにのっとっている。しかし、なぜ、両性がそれぞれすべてであるということを前提することによってしか、非‐関係を考えてはならないのだろうか。性関係をしくじらせる二つのやり方が存在するという事実が、『アンコール』の定式化に従えば[17]、そうしたやり方のそれぞれ——それは、一つのすべてであるような半分を形成すると見なされている——の全体化を考慮することを含意しているというのは、一体いかなる点においてなのだろうか。ラカンが喚起しているような、あらゆる社会において事実上男性と女性が同じくらい存在するのかどうかという問題と、性関係をしくじることれら二つのやり方の間に振り分けられるべき人間の数についての理論的考察とは、ラカンの言うように、非‐関係の分析に本当に欠かせないのだろうか。そしてまた、以上のようなことが、フレーゲの論理学の精神分析的なモデルを与えるとき、フレーゲにおける量化の重要性を考慮に入れるということなのだろうか。実際には、『L'Étourdit』から引用された文の中で、「なければならない」は、たんに一つの振り分けばかりではなく、さらに一つの無条件的なものを導入しているのだ。この無条件的なものは、カントの場合と同様に、またラカンの場合もカントの場合と同じく正当化が行われることなしに、一つの全体性を形成すると想定されている一つの系列的普遍へと展開されているのである。より正確には、「なければならない」という命法は、ここでは次の二つの意味を持っている。すなわち、一方ではそれは一つの理論的可能性、カント的な意味での仮言命法のことであり、これは、関数の量化によって、性別化を二つの項の間での振り分けとして、よりうまく考えることができる。しかしこの「なければならない」には別の意味がある。つまり、人間ならば男性あるいは女性として規定されねばならないという定言命法が存在するのである。この命法が定言的であるのは、人は責務、つまりカント的な意味での実践的性格を持つ責務から脱することがないという点においてであり、それというのも、責務は両性の本質の規定において、理論的不可能性という中継地を有しているからである。第二に、振り分けは、二値論理の枠内では必然性として扱われることができる。可能な第三の性は存在しないのであり、たとえ幼児の性的事象が、両性についてのあらゆる種類の幻想的表象を、そしてまたそれらの幼児の存在に対する関係を作り出しているとしても、やはりそうなのである。

ラカンとカント

実際、そこにある布置は、カントの定言命法の布置に類似している。それは、法則による規定に先立つような道徳的〈善〉の本質が存在しないからこそ、法則は無条件に責務を課す、というものであった。カントはこの無条件性に注釈を加えているが、それは、自由という無条件的なものを、世界の観念という思考しうるが認識しえないような全体性の場所に「据える」ことによってである。こうした隠喩によって、道徳的世界を、哲学者が諸目的の支配と名づけている、理性的な意志によって形成された一つのすべて〔tout〕として表現するという、理論的な帰結がもたらされる。ラカンはこれに類似した一つの構築を行っている。つまり、人間には性の本質規定が存在しない――生物学的および文化的な諸々の所与が、つねに、われわれの幻想が練り上げるような残余を残す――からこそ、こうした幻想は、想像的なものの不確定さへと委ねられているどころか、二つの性の間で選択しなければならないという責務によって枠をはめられているのである。性別化が二つの性の間で選択することを責務として課しているかぎり、また、性別化が一つのシニフィアンつまりファルスしか持たないことで、性差が持っている書き込み不可能なものを取り繕っているというかぎりで、性別化は、ラカンにとって、フレーゲの二値論理を必要としているのであり、この論理のおかげで、責務として課される選択の非‐存在論的性格を考慮することが可能になる。しかし、こうした責務は、その二重の意味のせいで、ラカンによってカントの用語で思考されるにとどまっており、それはあたかも、ラカンの喚起している二つの半分が、世界の認識がカントの宇宙論には見いだされえなかったように、精神分析には見出すことのできない性の本質規定という場所へとやって来たかのようである。ラカンに残っている、道徳法則という無条件的なものと性別化という無条件的なものとの間の類似が、結果として、両性を「それぞれがすべてであるような二つの半分」と表現するよう命じるのであり、この表現はおそらく、カントにおける諸目的の支配と同じ隠喩的な地位を持っているのだ。その結果、フレーゲに訴えることで性別化について思考するという、期待に満ちた改革は、挫折してしまう。なぜなら、全体性という前フレーゲ的な概念が、量化の下で「作業をしている」からである。

性別化の表意文字法は、実際、ラカンが好んだ言い回しによれば、彼の二つの哲学的あるいは反哲学的振る舞いの合流点にある。フレーゲに訴えることは、カント読解の思い出に結びついているのだ。「われわれは十分にしっかりした二つの普遍、二つのすべてを獲得しなければならない」という言葉が明示しているのは、ラカンがフレーゲに従って作り上げた構成要素の内の一つでしかない。フレーゲに従ってというのは、真理値の二値と、人間が振り分けられるような性別化された位置の二値との間には、相応関係があるからである。

性という素材においては第三項が存在しないという事実、選択が男性的なものと女性的なものとの間に課されるという事実は、論理学における諸概念の二値性の概念と似ている。すなわち、一つの概念は、その値がつねに〈真〉または〈偽〉という真理値であるような関数である。しかし、フレーゲにおいては、以上から〈真〉と〈偽〉がすべて〔tout〕として分析可能な半分であるということにはならない。量化の用法の一つに実際に含まれているようなこの問いに出会うとき、フレーゲはためらう。実際、彼はラカンほどに断固としてはいないのである。彼ははっきり述べている。「判断するということは、真理値に関して諸部分を区別することであると言うこともできるかもしれない。(…)真理値が対応しているそれぞれの意味に対して、真理値を分割するある一つの仕方を結びつけることができるかもしれない。しかし、私は『部分』という言葉をかなり特殊な仕方で用いている、と言わねばならない。私は、命題における全体に対する部分の関係を、命題の外延に適用した。私は、語がそれ自身命題の部分であるとき、語の外延を命題の外延の部分と呼ぶ。このような言い方は疑わしいものである。(…)さらに適切な表現を考案するのがふさわしいだろう」[18]。フレーゲが真理値を一つの表現の外延としているという事実、そしてまたこのことが、命題を、部分を持つ全体と考えることを含意しているという事実、こうした事実によって生じてくる諸問題をフレーゲははっきり示している。彼は、自分の定義しようとしている諸規則にただちに従って思考しないでおくと決めているのだ。全体性の罠が、自然言語を命題関数に翻訳し直したいと望んでいる論理学者を待ちかまえているのであり、フレーゲが述べているのもこのことである。しかし、ラカンはそれほど慎重ではない。人間が命題の二つの外延――真あるいは偽、および男性あるいは女性――に振り分けられるという主題は、彼のペンの下で一つの命法に変容される。つまり、振り分けの理論的必然性が、このように対応関係に置くことの本性について問われることなしに、選択という無条件的な命法を確認していると見なされているのだ。この結果、両性は「それぞれがすべて〔tout〕であるような二つの半分」と呼ばれるのだが、このことは、あらかじめ正当化されてはいなかったのである。

もう一つの重要な点に関して、フレーゲを頼りとすることは、紛れもない利益を有すると同時に一つの限界をも有しているのだが、この限界をラカンははっきり示してはいない。それは、言葉とものとの関係についての考え方が、論理学者と精神分析家にとって同じものではありえない、ということである。このことは一般的に真であり、とりわけ、論理学者というのが、ある思考の論理的内容を考える場合に、理解している主体を考慮することを、それがどのようなものであれ原則としてその評判を落とさせる人物であるという場合には、特にそうである。フレーゲは、もっぱら、「担い手なき思考」に関心を抱く。彼が、心理主義のあらゆる形式に対して、たとえそれがフッサールのものであっても、行った論争はよく知られている。もし、論理学と精神分析とを突き合わせることだけが重要なのだとすれば、一見、このことは厄介なことではないように見える。精神分析の主体とは科学の主体である、とラカンは書いている。それは、近代諸科学の形成によって失墜しているような主体、近代諸科学によって産み出されると同時に、いわば精神分析がそれを拾い上げるまでは顧みられないような主体として理解されるべき主体なのである。同じ時期に仕事をしているフロイトとフレーゲが、同じエピステーメーの過程に属しているにもかかわらず、互いに相容れない、ということを確認するのは有益である。例えば、彼らはそれぞれ一九二〇年代に否定についての論文を出版した。しかしこれは、ジョルジュ・カンギレムがバシュラールに対して用いた表現に従えば、和議に服した認識論〔épistémologie concordataire〕が有効ではないような点である。精神分析家にとって現実とは、ランガージュが、うまくできた言語の統辞法と意味論とを尊重しさえすれば、そちらへと開かれてゆくようなもののことではない。ラカンが、条件つきの命題でしかないような全称命題と、一つの参照項を有している特称命題というフレーゲの区別を取り上げ直すとき、この問題が生じてくる。もし、現実原則が、快感原則の内的な変更として定義されるとすれば、精神分析において特称命題――存在否定命題――だけを頼りに、精神分析が参照項として純粋に可能的な普遍的主体とは異なる現実的主体を持つことを、確たるものとすることができるのだろうか。精神分析においては、現実に対する命題の関係が明証性と見なされることはけっしてない。この命題の中で欲望がどのように組織されているのか、また、この欲望の全能感がどのように制限されているのかが、検討されるのである。こうした制限は、ディスクールという手段を利用することによって実行されるのだが、この制限のみが、現実に対する幻想の関係を確かなものとしている。精神分析においては、現実に対する関係が獲得されるのは、一つの過程によってである。つまり、その関係は、自発的な力であるような、言語のもつ指示能力をそなえたたんなる相関関係ではない。別の言い方をすれば、主体が、彼の欲望の全能感とは別なものとの関係を結ぶ手段は多数あるのだ。ディスクールの論理体系は、それ自身で、夢の中やさらにまた別の形式における思考の中で現実化される欲望が持っている、幻覚を引き起こすという性格から、主体が脱していることの十分な保証にはならない。主体がそこから脱するということは、以下のことをその条件としている。すなわち、夢や症状の作業やそれらを形成する諸規則の内に、また修辞学およびディスクールのスタイルの内に、かつて満足をもたらしたものとして表現されているいくつかの対象が失われたという「事実」が書き込まれているということである。もしかしたら、精神分析の理論は、男性的なものを理論的に記述するために存在命題が何をなしうるかを示すことで、論理学に局部的に合流することができるのかもしれない。しかし、論理学者と精神分析家が一般に行っている様々なディスクールの分析が相違していることによって、彼らがいくつかの点で意見の一致をみていることの利点が際立たせられているのである。

ファルス関数に関して女性が知らないわけにはいかない事柄

性差に関するこうした逆説的な問題において、それを研究するための道筋を示唆しなければならないという場合に、性別化の定式はある大きな利点を有している。ラカンは次のように言う。男性がファルス的なものの同語反復から抜け出すのは、自らを例外とすることによってのみであり、このことが愛情生活に関する臨床において対応しているのは、愛というナルシシズムを脱することにほかならない。この愛とは、欲望の原因である対象、しかし他者の中で出会われるような対象による規定のことである。これに対して、一人の女性が、たとえ、女性であることから対象によって部分的に規定されるのみであり、また、ファルスの問題系において部分的に捉えられるのみであるとしても、規則に対する例外の位置にいるということはない。ラカンの主張するところによれば、女性は〈象徴界〉の中で欠如しているものと関係しており、それは、彼女がそれについて何も語ることができないという仕方によってである。なぜなら、まさしく、女性が〈他者〉という〈象徴界〉の裂け目と類縁性をもっていることによって、女性はディスクールの外に置かれるからである。

さて、一人の女性がディスクールの外にいるのではなく、彼女は、男性の性的事象のいくつかの相を定式化するために寸法を合わせて裁断されているのも同然の性別化の定式の内には書き込まれにくいのだ、ということは大いにありうることである。性別化された愛が、非対象性の経験であり、本質という言葉で性的同一性を定義することの不可能性の経験であるということ、そして、この経験の次元が、存在のみならずもっとも形式的ないしはもっとも概念的な思考をも貫いているということ、これらの根本的な点に関して、ラカンはフロイトに従って、思い切って遠くにまで歩みを進めている。しかし、両性の出会いを一身に集めているありえない焦点に関する記述については、彼は疑いなく、女性的なものを男性的なものの内的な限定以外のものとすることに失敗したのである。性別化の定式は、それ自体がトートロジーに苦しんでいる。このトートロジーは、ラカンがファルス主義の全称肯定の中で、男性の立場に特徴的なものとして、その矛盾した補足を行いつつ記述していたものである。この結果、「すべてファルス関数の内にあるわけではない」という表現は、ラカンにおいては異なった立場に対してまったく開かれてはいない。[19]女性の立場は、〔男性の立場のように〕否定という規定しか持たないファルス的なものの彼方として地平線上にその輪郭が表されるのではなく、性的立場として、つまり、女性の立場が幻想の中に探し求める宛先に関わる立場として思考される。このことが可能なのは、女性の立場が、性別化されたもう一つの立場に関わり、こうした関係によって定義されるのだが、このときそのもう一つの立場の否定的な反映とはならない、という条件においてのみである。「すべてファルス関数の内にあるわけではない」とは、彼方というよりはむしろ別な仕方ということである。この別な仕方は、ファルス関数「それ自身」を、つまり、考えられる唯一の出口がはっきり確定できない消失点であるような普遍という閉域の中で思考されている関数を、無傷なままにしてはおかない。

したがって、一人の女性あるいは女性たちをそのようなものとして定義しているのは——存在する女性なのか普遍的な女性なのかはここではどちらでも構わないが、重要なのは、不確定な〈女なるもの〉が問題になっているのではないということである——、一人の女性を定義しているのは、女性は享楽においてペニスがファルスではないことを知らないわけにはいかない、ということである。ペニスとファルスが一つのものであることの確実性が、性別化の定式におけるラカンの理論的立場と、女性が関わりを持っている男性たちとを、共に性格づけているのだが、女性は、この確実性を分かち持つことができない。その理由は、語りうるものであろうとなかろうとファルスの彼方が存在するであろうから、というのではなく、実際には関係ではない性関係の経験そのものが、女性にとって、ペニスとファルスの分離の経験を含んでいるからである。性関係の経験は性愛の対象としてのペニスに依存しているが、対象の領域におけるその依存の関係そのものが、女性を、ペニスを象徴的なもののエンブレムとして捉えることができないようにしているのだ。まさにこのことによって、性別化の定式におけるラカンの思考がそれに立脚して構築されているような、ファルスをペニスによって覆い尽くすということは、失敗に終わる。しかも、対象 - ペニスに対する女性の依存は、それ自身非常に特徴的なものである。ファルスとペニスとが一致するかぎりは、つまり女性が近親相姦的に父を愛し続けるかぎりは、対象は女性にとって、象徴的なものから失墜するものなのではない。ましてや対象は、ラカンのいう対象aの場合のように、象徴的なものの廃物ではない。女性が近親相姦から遠ざかるとき、彼女が結びついた男性のペニスは、もはや象徴的秩序の代表者という地位にまで高められてはいない。だからこそ、私がすでに述べたように、女性は性的享楽において、ペニスがファルスではないことを発見するのである。

本書の第一章で私が出発点とした夢へと、少しの間立ち戻ることにしよう。これは、同じ事柄を明らかにしてくれるような他の多くの例と並ぶ一つの例に過ぎない。[20]女性が彼女の欲望に固有の困難を象徴化する仕方は、去勢と呼ばれている装置によって原理的に解決されはしない。すなわち、愛の対象に対する喪の作業を行うことができるように、ある対象の断念が表象可能となるために身体の一部として失わなければならないものというシナリオを借りる、ということはないのだ。夢は、先に述べたように、必然的な別離を恐るべき死の待ち受けとすることで、最悪の事柄を想像する。夢を見ている女性の娘に対する関係において明らかになった罪責性は、最初は際限がなかったのであり、それはあたかも、男性に対する不幸な関係が、いかなる法則も限界づけることができないような存在することの恥ずかしさを喚起していたかのようである。この零落と破滅の経験に限界を与えた唯一の事柄とは、置き換えのユーモアであり、これは、罪責性の素材そのものにおいて――その夢を見ている女性が、死をむかえつつある娘を放っておいてドライブしに出かけた――、車を所有しておらず彼女を「捨てた」男性の代わりに、車を所有している男性に置き換えていたということである。この夢の中で、今のところ私の目を引くものは二重になっている。すなわち、一方では、男性に対する実際の関係によって課せられている試練が、患者を、もう一人の女性、ここでは娘に対する関係に関わる破滅へと至らしめているのだが、このもう一人の女性というのは、他の夢の中でそうであるように、患者の母親でもありえただろう。他方では、もし、「車」という対象が、「美しい車を持っている」という連合した表現によって一人の男性の属性を指し示しているのだとすれば、その対象はペニスとファルスとの区別をつかなくさせることはない。つまり、男性たちはここで彼らの男性的属性によって姿を現しているのであり、この属性は、患者がその恋人と共に失うのを恐れているもの、彼女が、夢という魔法によってであるにせよ、再び見いだすことを希望しているものをあらわしているのである。しかし、夢の象徴化の原動力は、対象の領域からやってくるのではない。それは、最悪の事柄というシナリオを想像する能力からやってくるのだ。この過程の中には、〈象徴界〉への到達を要約してあらわしているようなファルスという支えに準拠しているものは何もない。逆に、欠如が表象可能になるのは、女性的なものに結びつけられ、車とペニスという対象の指し示しによって織りあげられている、諸々の袋小路に準拠することによってこそである。女性が失わねばならない享楽、つまりは女性がその愛人と共に体験していた享楽、この享楽はまた、性的享楽において、続いて別離において彼女を男性に依存させているのだが、ラカンがファルス的享楽と名づけているのはこのような享楽ではない。なぜなら、理論が要求しているように、喪の作業の遂行者となるのは、欠如のシニフィアンであるファルスに変容されたペニスではないからである。ここで関係しているのは、対象の置き換えの、したがって〈象徴界〉の直接的な備給であり、あるいはむしろ、去勢という男性的装置に比較される場合にのみ、直接的と呼ばれるような備給である。そしてこの装置において、ペニスは、近親相姦から抜け出るために象徴的に失われねばならないようなものを表象することで、象徴化のエンブレムとしてと同時に、性愛的対象の移動および置き換えに対する想像的な支えとして、役立っているのだ。[21]

性別化の定式が興味深いのは、その形式主義が、「すべてではない」について、ラカンが女性的なものを彼が男性的なものについて考えていた事柄のはずれに位置づけていたときに想像していたのとは——というのも意味は想像的なものに属するからである——異なる解釈を与えることを可能にしてくれるという点においてである。「すべてではない」はまた、次のような仕方によっても理解される。すなわち、女性は、まさしく彼女がファルス的享楽を知らずにはいないということから、彼女を享楽させてくれる男性のペニスがファルスではないことを知らないわけにはいかないのである。たしかに、ペニスは彼女にファルス的享楽を夢に見させ、欲望させる。しかし、ペニスは彼女にとって、彼女の依存している男性がそれに与えているあらゆる象徴化の力を備えてはいないのである。失われうるものとして表象されるべきものの象徴化は、様々な置き換えという道筋をたどるのだが、こうした道筋は、分析の経過の中や愛情生活においては、ラカンがその道筋に与えているような謎という地位を持ってはいない。享楽しうることや喪失しうることが問題となっているとき、象徴化は必ずしも女性を〈他者〉という欠落点と関係づけるわけではない。この〈他者〉は、同時に、女性をディスクールの外に置くであろう。一人の女性にとっての神秘的な立場とは、おそらく、象徴化の戦略の内の一つでしかなく、これは、すべてではなくいいく人かの男性たちがそれらの戦略に期待している事柄にまったく反対の仕方で応じているのだ。このことはいくらか重要である。なぜなら、ファルスが、欲望を象徴化するあらゆる可能性のエンブレムなのではないこと、これを認識することは重要だからである。

もし、われわれが、一つの書かれた定式がいくつかの解釈を許容するという考えを受け入れるならば、われわれは同時に、「すべてではない」についての新しい解釈が、そういった解釈が存在するという事実だけですでに、以下のことに対して異議を唱えていることに気づくだろう。すなわち、女性的なものは謎であるとするラカンの解釈が真理であって、この真理はその著者の性別化された立場からは独立している、ということに対してである。女性は、たとえ彼女が男性の観点から見た女性としてしか想像されえないとしても、女性自身にとっては謎ではない。表意文字法は、非‐性関係が二通り存在するという事実に終止符を打ちはしない。男性がおそらく必然的にそうするように、ペニスとファルスとを混同することによって、ラカンは〈象徴界〉に対する女性の依存について述べている。この依存は、女性が女性であるかぎり象徴的なものにおいては定義されえないという事実からなる、とされている。しかし、女性の側からすれば、もし依存があるにせよ、それはファルスに対する関係というよりはむしろ、対象としてのペニスに対する関係に関わっている。なるほど、対象の喪失、消滅、置き換えの経験の固有の道程を女性の側から記述しても、女性の性的事象は、男性的なものに対する関係から独立したものにはならない。

ラカンが、女性的なものは一つの自然本性ではないと言ったのは道理にかなっているのだ。しかし、かといって女性的なものは、男性的なものの彼方でもなければ、対象「a」によって標示されたり、〈他者〉に欠如しているものと直接関わったりすることがあまりないような一つの性別化された立場なのでもない。それはむしろ、対象や〈象徴界〉に対する関係が、女性の場合には、男性の場合よりもはっきりしている、ということなのである。これは、女性の持っている、失われたものとして表象されるべきものの一部が、女性の男性的なものに対する関係に二次的にしか関わっていないからである。すなわち、対象の領域において、ペニスに対する女性の依存が、対象の機能に様々な色合いを与えているからなのである。ラカンにとって、欲動の対象とは、愛における〈他者〉の姿の理想化を解体し、解任させるもののことである。この対象が、アルキビアデスをソクラテスに夢中にさせていた魅惑的な対象のように、一つの出会いにおいて現象学的に接近されるのだとしても、重要なのは、その対象が、主体を分割し、主体の欲望の原因となっているということである。女性の性的事象においてもやはり、対象は主体を分割する。すなわち、女性を享楽させるものは、他者の中で出会われるものとして、しかし、もっとも同化し難いものに相当するもの、しかしながら女性自身を構成しているものとして、現れるのである。しかし、男性のペニスは、この対象を、例えば男性にとっての「乳房」という対象とは少し違った仕方で表象することがある。つまり、ペニスとファルスが同一であることは、女性にとっては近親相姦的備給の維持に相当し、この領域では、〈象徴界〉は性愛化されたものであり続けるのだ。それは、男性パートナーのファルス的立場が永続化させているような性愛化である。他方で、もし女性的なものが〈象徴界〉に到達することがあるとすれば、それは、対象‐ペニスとファルスとの分離から、そしてまた、母的なものの介在によって女性的なものに結びつけられている「最悪な事柄の経験」の変容から、出発することによってである。

したがって、諸対象と、主体が象徴的なものに引っかかっていることとの間の様々な関係という装置全体、そしてまた、愛と欲望との区別の様々な様態、まさしくこれらのものが、女性的なものの場合と、男性的なものあるいは男性的なものに関する理論の場合とでは異なっているのである。

もし、われわれが「すべての女性がファルス関数の内にあるわけではない」に関する様々な受け入れ可能な解釈で満足してそこにとどまるならば、ラカンのこうした考えを、〈女なるもの〉は存在しないという考えから切り離そうという気になることだろう。〈女なるもの〉は存在しないというのは、すなわち、女性たちは、女性は享楽においてペニスがファルスではないことを知らないわけにはいかないという経験から出発して存在している、ということである。男性にとっては、ペニスとファルスは原理上混同されており、対象の経験は、この要請された同一性を問題にすることはない。逆に、女性にとっては、まさに対象への関係そのものが、この等価性を無効にしている。女性がこの等価性を要請するのは、女性を父へと結びつける近親相姦的備給という観点と、次のような女性の配慮によってのみである。それは、男性たちが支えられている諸々の要請について、あたかもそれらが幻想からは害を受けることのない普遍的真理であるかのごとくに、それらの調子を狂わせないようにするという配慮である。対象の領域においては、依存の性愛化は別の仕方で姿を現す。それは、たとえどちらの性においても、対象が欲望を引き起こし、またそうすることで主体を、主体を分割するものの目の前に置くとしても、同じことである。このことは女性にとってはもっぱら別な仕方で強調される。なぜなら、男性のペニスは女性にとって、彼女が依存しているものを代理表象しているからである。つまり、ペニスが女性を享楽させる場合には、必ずや、女性を欲望させるものの決定的な諸相を凝縮させているのだ。しかし、ペニスに対するこうした依存が、ファルスに与えられた、喪失へと到達せしめるという象徴化の力を覆い隠すことはない。性愛的なものと象徴的なものとは、ここでは、それらの道程を混同することはないのである。

性関係は存在しない、つまり、愛は〈他者〉の再臨ではなく[22]、また両性の完結性および相補性の経験でもない、という主張は、女性と男性とでは同じ意味を持っていない。男性はこれによって、彼をファルス的ナルシシズムから脱出させてくれる対象に対する関係を説明する。女性はこの定式によって、ペニスとファルスとの間の分離の経験を説明するのである。女性は、彼女がファルスの問題系において男性に期待しているものが失望に終わるということを知らないわけにはいかない。なぜなら、ペニスはファルスではないからである。そしてまた女性は、ファルスが具現化しえないような彼女の性生活の部分を、いずれにせよ、幸福な経験の中ですら、独力で、あるいは別の仕方によって象徴化することになるだろうということを、知らないわけにはいかないのである。

性別化の定式の中に姿を現している「すべての女性がファルス関数の内にあるわけではない」を、ラカンとは別の仕方で解釈することによって、以下のことが明らかになった。それは、私が普遍の問題に言及したのは、もはや、それぞれがすべて〔tout〕全体であるような二つの半分を性格づけるためでも、欲望の諸対象の系列性を喚起するためでもなかった、ということである。同時に、私は対象の置き換えの過程について言及した。この過程によって、人間の男女たちは、彼らを享楽させてくれるものを探し、見捨て、失いまた再び見い出さねばならないといった経験の中で、男性あるいは女性であるとはどういうことかを、互いに表象しあうのである。この相関関係はあやふやなものではない。女性にとっては、われわれが思考する瞬間において、思考は、まず、それが告げ知らせたり記したりしている事柄の普遍性によって定義されるのではなく、言表がその言表者の主体的立場からの離脱という過程によって定義される。そのようにして産出された思考の普遍性は、この過程の結果でしかないのだ。同様にまた、性的享楽において、女性がペニスはファルスではないことを知らないわけにはいかないという事実と、普遍性の概念を評価し直す理論的な歩みとの間には、ある関係が存在する。実際、すでに見たように、失われるべきものの象徴化は、対象の問題系と一致することはない。それは、性別化の定式が、ファルスとペニスとを包含することによってそれらが一致することを前提としているにもかかわらず、そうなのである。そして、全称量化子に助けを求めるということと、この量化子に関してはっきり区別された仕方で据えられた二つのすべてを獲得せねばならないという考えとは、こうした統一と強く結びついているのである。

　したがって、私がいま行っている仕事は、その仕事自体が提起している問題と利害関係にあり、その問題によって害を被らないわけにはいかないように思われる。すなわち、性別化の諸々の逆説について思考するいかなる理論的定式化も、自らが練り上げている問題の上に突き出ることはできないだろうし、またそれは、表意文字法の力を借りても無理であろう。その理由は、普遍の概念そのものが、それを具現化している様々なものと同様に、この連関から害を被らないではいないからである。理論の上では、こうした事実を考慮に入れることで、普遍的なものとして定義される思考を次のような思考として捉えることが可能である。それは、テキストに即した特殊な作業によって、欲動の秩序において当の思考を要求しているものから離脱する、そのような思考としてである。哲学的テキストが文学的テキストあるいは夢の物語とは異なっているのは、哲学的言表が、自ら実行しているこの離脱に気づかないでいようと腐心しているその仕方によってである。哲学を性格づけているのは、欲動と思考との間でつねに活動している結びつきの忌避であり、これは時折成功している。成功しているというのは、概念への移行が実現しているような暴力[23]――おそらくは自己の殺害――と引き換えに手に入る概念的秩序においては成功している、ということである。しかし、だからといって、自己の殺害が概念的成功を無効にするということはない。様々な哲学的体系を前にして、それらがどの程度自己の忌避に立脚しているかを強調することで、恐れを抱いて尻込みするのはふさわしいことではない。こうした拒絶が、それらの体系の体系性そのものを提示する際に行われているのは本当である。しかし、このことは、それらの体系が生み出している概念的真理の秩序を無効なものとしているわけではない。なぜなら、欲動の対象に備わっている、置き換えが非常に容易であるという性格のおかげで、思考の対象は厳密な意味での性的なものとは別のものでありうるからである。性的事象は、性的事象ではないものの中に備給される。哲学の逆説とは、この備給が、欲動と思考との間で活動している結びつきの忌避として働くことがありうる、ということである。しかし、幻想の過程は、それが読み取りうるものとなっている場合には、自らが一役買うことで産出されている、概念的働きの異質性を消滅させることはないのである。

注

1 Aristote, *Seconds analytiques*, *Organon*, trad. J. Moreau, in *Aristote et son école*, Paris, PUF, 1962, p.40. あるいは trad. Tricot, Paris, Vrin, 1987, p.27.（アリストテレス『分析論後書』、加藤信朗訳、アリストテレス全集第一巻、岩波書店、六二八頁）。【尚、言いまわしを一部改めた。】

2 E. Kant, *Critique de la raison pure*, trad. J.-L. Delamarre et F. Marty, in *Œuvres philosophiques I*, Paris, Gallimard, 1980, p.1167 et sq.（カント『純粋理性批判（中）』、前掲書、二六〇頁以下）

3 この概念については、Monique David-Ménard, *La Folie dans la raison pure. Kant lecteur de Swedenborg*

（Paris, Vrin, 1989）の第一章と第五章を見よ。この著作が現れた後、あるアメリカの哲学者が、同じように、純粋理性のアンチノミーというカントの概念と、両性の関係の様々な逆説とを関係づけた。cf. Joan Copjec, «Sex and the Euthanasia of Reason», in *Read my Desire. Lacan against the Historicists*, Cambridge / London.（ジョアン・コプチェク『わたしの欲望を読みなさい』第八章「性と理性の安楽死」、梶・下河辺・鈴木・村山訳、青土社）

4　J. Lacan, *Le Séminaire*, livre XX : *Encore*, Paris, Seuil, 1975, p.73.「性別化の定式」について私がここで行なっている読解は、一九九四年一月にコレージュ・アンテルナショナル・ド・フィロゾフィのセミネールでパトリック・ギヨマールと行った議論の続きとなっている。【原注では、ラカンのセミネールの巻数がlivre X となっているが、これは誤り。】

5　【訳注】二つの命題の間の、一方が真ならば他方も必然的に真である、という関係のこと。

6　G. Frege, «Recherches logiques ; 2. La négation» in *Écrits logiques et philosophiques*, trad. Cl. Imbert, Paris, Seuil, 1971, p.195 et sq.

7　*Encore*, p.68.

8　J. Lacan, *L'Étourdit*, in *Silicet*, Paris, Seuil, 1973, p.5 et sq.【*L'Étourdit* は、J. Lacan, *Autres écrits*（Paris, Seuil, 2001, p.449 et sq）に再録されている。】

9　S. Freud, «Psychologie des foules et analyse du Moi», trad. P. Cotet, A. Bourguignon, L. Altounian, O. Bourguignon et A. Rauzier, chap. VII :«L'identification», Paris, Petite Bibliothèque Payot, 1981.（フロイト『集団心理学と自我の分析』第七章「同一視」、小此木啓吾訳、フロイト著作集第六巻、人文書院、二二二頁以下）

10　G. Frege, *Fondements de l'arithmétique*, trad. Cl. Imbert, Paris, Seuil, 1969, p.158 et sq.

11 【訳注】フレーゲは、主語と述語という、それまでの伝統的な分析方法に対し、文を、変項に置き換えることのできる部分表現（アーギュメント）とそれ以外（関数）とに区別するという、新しい分析方法を考案した。

12 *Ibid.*, 180. 哲学および精神分析にとって、このテキストがいかなる射程を持つのかについては、次のものを参照。cf. Cl. Imbert, «Pour une structure de la croyance», in *Nouvelle Revue de psychanalyse. La Croyance*, Paris, Gallimard, 1978, n° 18 automne 1978, p.143 et sq.

13 Monique David-Ménard,«Ce que la psychanalyse change à l'acte sexuel. Le lit de l'amour et le lit de l'analyse»（in *L'acte sexuel, Revue internationale de psychopathologie*, n°19, Paris, PUF, 1995, p.383 et sq.）を見よ。

14 G. Frege, *Fondements de l'arithmétique*, *op. cit.*, p.176 et J. Lacan, *L'Étourdit*, p.7.【*Autres écrits*, *op. cit.*, p.451.】

15 フレーゲについて可能な諸々の読解については、Ali Benmakhlouf, *Gotlob Frege, logicien philosophe*（Paris, PUF, 1997）を参照のこと。

16 *L'Étourdit*, p.12.【*Autres écrits*, *op. cit.*, p.456.】

17 *Encore*, p.53.

18 女性的なものについての思考をもう少し進展させることによって、女性的なものに対する母性的なものの、明証的と想定されている関係についての既存の様々な主張を引き継いでしまわないように用心することができるだろう。ラカンはこの関係について、問題として取り上げてはいない。「女性がすべてそうであるわけではない享楽、つまり、女性をいく分かはおのれ自身について不在であり、主体として不在であるような享楽に対して、女性は、彼女の子供がそうであるようなａというふたを見つけ出すことでしょう。」（*Encore*, p.36.）

19 M. David-Ménard, «L'identification hystérique», in *Les Identifications*, Paris, Denoël, 1987.

20 ここに示す諸々の定式は、別の定式、とりわけ次のものと比較されねばならない。それは、M. Montrelay のもの（*L'Ombre et le nom*, Paris, Minuit, 1977, p.77-81.および «La sexualité feminine», *Encyclopaedia Universalis*, 1984.）と、Monique Schneider のもの（*La part de l'ombre*, Paris, 1992, *passim.*）とである。

21 対象と〈象徴的なもの〉との関係が、女性的なものと男性的なものにおいては別な仕方で配置されているということから、アラン・バディウの主張に対して論争を行うことができるかもしれない。彼は、愛についての彼の哲学を、愛と欲望というラカンの厳密な区別から出発して、総称的な手続きとして構築している。cf. Alain Badiou, «L'amour est-il le lieu d'un savoir sexué ?» in *L'Exercice du savoir et la différence des sexes*, sous la direction de G. Fraisse, M. David-Ménard, et M. Tort, Paris, L'Harmattan, 1991. このテキストは、«Qu'est-ce que l'amour ?» と改題されて、*Conditions*（Paris, Seuil, 1992.）に再録された。

22 J. Lacan, *Encore, op. cit.*, p.39-46.

23 モニク・シュナイダーは、フロイトにおいてエディプスが普遍的な理論へと移行していることと、彼が幼年自体のいくつかの決定的要素を忌避していることとが連動していると指摘している。彼女の主張には説得力がある。なるほど、精神分析の領野では、理論がその考案者の主体的立場とより直接的に関係しており、その領野内で、エディプスの理論は誤りであると結論づけることは可能であろう。しかし、このことは、あらゆる普遍的な理論が誤りである、と結論づけるには十分とはいえない。cf. «L'universel et ses humeurs», in *La Raison et ses raisons*, *Io, Revue internationale de psychanalyse*, Erès, 1993, p.33 et sq.

結論　思考は性別化されているか

思考において性別化されているのは、幻想と概念とがひっかかり合っている点であり、そしてまた、あらゆる思考が、主体の立場から練り上げられ、さらにそこから離脱するという過程である。離脱は、移行の一様態として考えられねばならないのだ。こうした過程は、ただたんに思考の歴史や発生に属しているばかりではない。主体は思考の発生においては存在しており、思考の結果においては不在である、と言うことで満足することはできないだろう。むしろ、一つのテキストの中に、そして、読まれ解釈される以上は一つのエクリチュールの中につねに存在しているような、幻想と概念との間の諸々の連関を明らかにすることは、歴史と構造というあまりに単純な対立を批判することを避けがたいものにする。幻想と概念との間の移行の道筋に注意が払われる場合には、思考は、思考する者を突き動かしている様々な欲動から思考が離脱するという過程によって定義されるのであって、思考の普遍性によって定義されるのではない。思考はなるほど普遍的であるが、思考をその普遍性によって定義することは得策ではない。なぜなら、思考がその創造者から離脱するのはいかにしてなのかを考えることが、もはやできなくなるからである。普遍が考慮されると、普遍の産出そのものの過程が消し去られてしまうのである。思考が普遍性によって定義されるとき、思考は、幻想と概念との間の連関を暗黙の内に消し去ってしまう。しかしながら、こうした連関が、構築物としての思考において実際に働いているのだ。思考は構築されたものであり、たとえそれが、カントやラカンの思考のように概念的であろうと、ダ・ヴィンチの思考のように視覚的であろうと、サドの思考のように文学的であろうと、夢の思考のように夢幻的であろうと変わりはないのだ、とこのように言うことは、その思考の中で偶然的な性格を伴いつつ現れてくる諸々の点に注意を向けるということである。なぜなら、一つの概念が構築される際の基盤となっている欲動の——カントであれば感性的な、と言ったであろうが——諸々の賭け金〔enjeu〕をその概念が移動させる仕方の中には、演繹可能なものは何もないからである。例えば、カントの原理、つまり、「誰も、快や苦にいかなる表象が伴うのかをアプリオリに知ることはできない」という原理は、意志の感受的な規定と理性的な規定との対立と一体となっているのだが、この原理は、カントの人間学——感性的なものの内に恒常的なものは何もない[2]——を支配しているメランコリーな幻想を移動させ、われわれの感性の関心を引くことのできる諸々の対象を、一つの系列へと変容させる。この系列は、対象の間の差異を考慮に値しないものとする法則の観点から、それらをまったく等価なものとする。『実践理性批判』という概念的構築物は、〈理性の事実〉の普遍性が勝利を収めるという主張によってその構築物自身の偶然性を消し去るという振る舞いと、強く結びついている。逆に、このテキストが用いているような、幻想と概念との間の諸々の移行を無視するのをやめるならば、「実践理性」という理論的建造物が自称している普遍性は一つの構築物であり、この構築物の有効性は概念的秩序におけるいくつかの盲点と強く結びついていることが明らかになる。われわれは、美学において、関心なしの適意と概念なき普遍との間の移行に関して、事情は同様であるということを示した。同様に、とりわけ、普遍的なものとして現れてくる思考の中には、開陳されている概念的領域によって正当化されてはいない様々な主張が含まれている。この正当化されていないということ、つまり、理性的思考がおのれ自身についてすべてを正当化することができないということは、その思考の豊かさの開口部を表している。[3]なぜなら、概念装置の文法、スタイル、論理学および発明の才、これらが可能にしている諸対象の移動のおかげでまったく変容されてしまうことによって思考を支えているような、そうした様々な幻想が、思考に、構築されたものを授けているからである。[4]幻想と概念との間、あるいは欲動と概念との間の連関点は、思考におけるある偶然性を含んでおり、この偶然性は思考に、まさしく建築術とブリコラージュとの間の媒介という外観を与える。カントが言っていたように、あるいはわれわれにより近いところでドゥルーズが言ったように、理性的に思考するということは、諸問題を組み立てるということである。これらの問題は、概念的に加工されるとき、分かち合うことのできる知解可能性を持つ。なぜなら、それらは、思考する者が思考の対象に選ぶことのない主体的諸問題を、概念装置へと変容させるからである。そしてこの装置の中では、幻想が案配を定めたその他の様々な事柄が、一致すると同時におのれ自身を誤解するということがありうるのだ。このような変容と誤解が、哲学的テキストの読解の作業のもっとも大事なところなのである。性別化の定式についてのラカンの理論は、同じような形成規則に合致している。すなわち、男性の性的事象における対象の置き換えのいくつかの相を特権化しているような一つの人間学を出発点に選んだこと、また、カントをサドと、そしてまた『トーテムとタブー』においてフロイトが示した創設神話と対照させることで、無条件的なものの問題に再び着手したこと、さらに、フレーゲに訴えることによって同一化について思索し、性別化された立場をこの装置から出発して定式化したことである。そして最後に、その構築物の諸様態を消し去るような概念装置によって普遍性を確たるものにしたことである。[5]

そこで問題となるのは、思考の普遍性を宣言することによって幻想と理論との間の連関を消し去るような思考がそれ自体で男性的であるのかどうか、また、幻想と理論との間の移行に注意を向けるような思考がそれ自体で女性的であるのかどうか、である。このような主張は結局、性別化を新たに自然なものあるいは本質的なものとすることになるかもしれないし、また、思考する者たちの性別化が思考の領野の開口部にいかにして入りこんでくるのかを誤解することになるのかもしれない。性的同一性に関して思考に備給されているものが、徹頭徹尾固定化された主張や規定からなっているわけではまったくないのだ。思考する者の性別化は、一つの体系内の様々な偶然的点の選択と、それらの点を構築物の体系性によって部分的に覆い隠す様式とを決定する。こうした偶然性が、一つの思考体系が持っている正当化不可能であるという性格と、その体系の豊かさとを同時に作り上げているのである。この連関が可能となっているのは、まさしく次のような理由においてである。すなわち、男性的なものおよび女性的なものとは本質的な規定ではなく、これらは、一つの体系の要請の中で、より正確に言えば、その体系が、自らの開いている思考空間を練り上げる際に、体系自身には偶然的なものとして認識することのできないような諸命題の中で、つねに暫定的に求められかつまた固定化されるからなのである。

しかしながら、もし、構成された理性的構築物の中にある正当化されていない点を明らかにするのが、女性あるいは倒錯しているが創造的な男性であるとすれば、それは偶然ではない。そして、標準となるカントの読解は男性たちによるものであったのだが、もし、本研究がカントの読解を行うにあたって、これまでとは別の仕方でカントを読んでいるとすれば、それは偶然ではないのだ。その理由は、カントを読む女性にとっては——このことは多くの哲学者たちにも当てはまることであろうが——たとえ知的にはカントの思考の首尾一貫性が姿を見せているとしても、この首尾一貫性は必然性のことではないからである。もし、普遍性という契機が、思考において、幻想と概念との間の連関をもっとも鋭い仕方で抹消してしまう点のことを示してくれるとすれば、以下のことが十分に理解されよう。すなわち、理性の宣言している普遍性をそのまま信用するのではなく、むしろ、思考が思考自身の働きに関するどのような不注意と引き替えに自らを普遍的なものとして提示するのかを明らかにするのは、まさしく女性たちなのである。したがって、もし、理性的な思考における幻想と概念との間の移行の点について力説しているのが、むしろ女性たちであり、あるいはまた、「男性」という立場を記述している公的な構築物の中にかろうじてその性的同一性が滑り込んでいるような男性たちであるとするならば、それは偶然ではないのである。

思考をその諸概念の普遍性によって定義すると同時に、それらの概念が、思考によって変容される欲動の諸々の賭け金から離脱する過程に対して注意を向けることはできない。これら二つの企ては互いを排除するものなのであり、幻想は、これらの思考方法の内の一つを必然的かつ無意識的に選択することへと備給されているのだ。ある者たちにとって、作動中の離脱とでも呼ばれるであろうような思考の次元を明らかにする必要があるということが意味しているのは、思考の普遍性が誤りであるということではなく、それが一つの帰結でしかないということである。なぜなら、そうした者たちは、普遍についての哲学が閉ざしている問いを再び開き、思考がおのれ自身について自らに与えているイメージとは異なるような、思考の実際の手続きを記述することを必要としているからである。しかし、ひとたび記述されたならば、幻想と概念との間の連関は、普遍の概念と同様、男性的でも女性的でもない。性的なものの現実性は非‐存在論的であるから、そうした現実性は、それがもはやそれ自体としては姿を現すことのないような思考および経験の領域において、様々な効果を産み出す。[6] したがって、一つの問題についての哲学的主張や言表が、男性的あるいは女性的な一連の問題に特有のものとして現れるのは、つねに暫定的にである。しかし、この暫定的なものを除去することはできない。性別化は、概念的思考の中に、一つの偶然性の必然性として書き込まれているのである。

注

1　このことは、理論物理学における法則のエクリチュールとその読解の間の関係についても、やはり重要な問題である。cf. Françoise Balibar, «Traduire, dit-elle... La traduction, une affaire de femmes?», in *L'exercice du savoir et la différence des sexes, op. cit.*, p.63-75.

2　精神分析は、その根本において、ある恒常性が感性的な生のなかに存在することを示すのをその目的としている。つまり、人間主体を性格づけているのは、その欲望の対象が規定される際の法則である、ということを示すのをその目的としているのだ。何であれ主体の知らないもの〔l'insu〕が、こうしたアプリオリな決定を無効にするのではなく確たるものとしている。したがって、カントや、欲望についての哲学のあらゆる伝統は、決定することと、主体が自らの欲望を決定しているものを支配することとを、混同していたのである。

3　この主張は、様々な科学理論の構造の中にある知られていないもの〔l'insu〕についてのディディエ・ヴォデーヌの仕事と対照されなければならない。cf. «Écriture et formalisation (un effet de finitude ordinaire)», *Césure*, n°10.

4　ここでの「構築」という言葉の意味を、エティエンヌ・バリバールが虚構的普遍と呼んでいるものと比較することができるだろう。これは、彼が区別している三つの普遍性の次元の内の一つである。cf. Ambiguous Universality, in *Differences : A Journal of Feminist Cultural Studies*, n° 7/1 (1995). フランス語版は、次のものである。«Les universels» dans Étienne Balibar, *La crainte des masses*, Éd. Galilée, 1997, p.421-454.

5　これは、ミシェル・トールが性別化の定式の読解においてとった方向でもある。cf.«Le Différent», in *Symboliser. Psychanalystes*, n° 33, Revue du Collège de psychanalystes, 1989, p.9-16.

6　概念の次元における性差の様々なパラドクスについてはGeneviève Fraisse, *La différence des sexes*（Paris, PUF, 1996）、とりわけ四、五、八章を参照のこと。

訳者あとがき

本書は、Monique David-Ménard の *Les constructions de l'universel. Psychanalyse, philosophie*（Paris, PUF, 1997）の全訳である。原書のタイトルを直訳すれば『普遍という諸々の構築物——精神分析、哲学』になるであろうが、なるべく内容が透けて見えるようなタイトルを、ということで、邦訳のタイトルは表記のようにやや変更した。

著者モニク・ダヴィド＝メナールは、一九四七年リヨン生まれ。ナンテール大学でポール・リクールの指導のもとにフッサールに関する修士論文を書いた（一九六八年）後、パリ第七大学でピエール・フェディダの指導のもとに精神病理学の博士号を取得（一九七八年）し、さらにパリ第五大学でジャン＝マリー・ベサードの指導のもとに哲学の博士号も取得（一九九〇年）している。現在は、パリ第七大学（Denis Diderot）の教員（基礎精神病理学および精神分析研究室）をつとめている。精神分析家でもあり、フロイト精神分析協会（Société de Psychanalyse Freudienne）に所属している。

ダヴィド＝メナールの著作には、次のものがある。
―― *L'hystérique entre Freud et Lacan. Corps et langage en psychanalyse*, Paris, Editions universitaires, 1983.
―― *La folie dans la raison pure. Kant lecteur de Swedenborg*, Paris, J. Vrin, 1990.
―― *Les constructions de l'universel. Psychanalyse, philosophie*, Paris, PUF, 1997.（本書）
―― *Tout le plaisir est pour moi*, Paris, Hachette Littératures, 2000.

また共著としては、例えば（すべてというわけではない）次のようなものがある。
―― *L'Exercise du savoir et la différence des sexes*, en collaboration avec Geneviève Fraisse et Michel Tort, Paris, Harmattan, 1991.
―― *Lacan avec la psychanalyse américaine*, Paris, Denoël, 1997.
―― *Feminist interpretations of Immanuel Kant*, ed. Robin M. Scott, Pennsylvania State Press, paperback, 1997.
―― *Universel, singulier, sujet*, sous la direction de Jelica Sumic, Paris, Kimé, 2000.

さらに、カントの論文の翻訳も行っている。

—— Immanuel KANT, *Essai sur les maladies de la tête. Observations sur le sentiment du beau et du subime*, Paris, Flammarion, 1990.

このほか、さまざまな論文集や雑誌等に多数の論文を寄稿している。

本書の内容や右にあげた書物のタイトルなどからもうかがわれるように、ダヴィド＝メナールは、精神分析を主要な研究分野としており、なかでも性差の問題に強い関心を抱いている。また、そうした観点から、哲学、とりわけカントのそれを読み直そうとしてもいる。

そして本書は、性差の問題をつねに念頭におきながら、哲学全体の要の位置を占めている普遍の概念について精神分析の観点から論じたものであり、その概念が構築されたものであることを明らかにしようという試みである。その際に著者が批判の道具として用いるのは、著者自身がはっきり述べているように、精神分析である。とはいえ、著者が単純にフロイトやラカンをふりかざして哲学批判を行っているなどということはない。もちろん、哲学に批判的な目を向けてはいるのだが、それと同時に、ラカンに対しても、性差の問題に関連して、批判的な距離をとっているのである。著者は本書で、カントやサド、ラカンにおける普遍の概念について論じる他、フロイトやレオナルド・ダ・ヴィンチについても、とりわけ昇華の概念に関連して論じているのだが、ここでは本書の議論を、ポイントをしぼって次のようにまとめておこうと思う。本書の理解の助けになれば幸いである。

著者によれば、哲学における根本概念である普遍の概念には曖昧さがある。その原因は、普遍の概念が、あらかじめ正当化されてはいないような諸源泉によって成立しているにもかかわらず、そうした源泉を隠蔽し、忘却させる働きをしているところにある。著者はこのことを、カントの道徳法則について論じることで、明らかにしようとする。

カントにおける普遍の概念は不明瞭なものである。その理由は、彼のいう普遍の概念が、異なる三つの相、すなわち、「無条件的なもの」の相と、二つの「系列的普遍性」の相を混同してしまっている上、そうした混同を犯していることに気づいていないという点にある。著者はそれを、カントをサドと対照させつつ読み解くという、ラカンによって道を開かれたやり方で論じている。

「系列的普遍性」とは、「すべて」の項を無差別なもの、互いに等価なものとして扱うことによって成立するような普遍性のことである。著者によれば、カントには「すべての感性的なものから離脱すること」と「すべての人にとって」という二つの「系列的普遍性」があり、両者はカントによって等価なものとされているが、それらの間の結びつきは明らかにされてはいない。前者は、主観的にして偶然的な条件を取り除いて道徳法則を純粋に形式的なものとすることに関わり、後者は、法則が適用される範囲に関わっている。道徳法則は、これらの「系列的普遍性」から

「無条件的なもの」へと移行するという過程を通して規定されているのだが、「すべての人にとって」妥当するということは、「無条件的に」妥当することとやはり同じではない。

著者はここからさらに、カントとサドが共に、「無条件的なもの」に関する同一のレトリックを用いていることを明らかにする。サドは『閨房哲学』の中で、「無条件的なもの」の立場にある唯一者が、すべての他人を無差別なものとして扱い、「唯一者の快楽のために犠牲にされるべきもの」という系列へと追いやって、自らの快楽のために犠牲にすることを称揚している。つまり、サドにも「無条件的なもの」と「系列的普遍性」との混同があるのだ。サドに関して著者が問題にするのは、犠牲となるすべての他人の苦痛が、唯一者はすべての他人から離脱しているにもかかわらず、彼の快楽を強めるものとして描き出されていることである。著者によれば、カントにおいてもまた、同じレトリックが用いられている。カントは「理性が法則を立てるためには、理性がたんに自分自身だけを前提とする、ということが必要である」と述べているにもかかわらず、さらに「偶然的な主観的条件なしに」と付け加えている。さらにカントは、快や苦がいかなる表象に付随するのか誰もアプリオリに知ることはできないと論じることによって、上級の欲求の能力が存在することを正当化している。しかし、こうした能力が存在しないことを禁じるものは何もないのであって、これらのことは、理性的かつ無条件的な道徳法則が、カントにおいて、それが排除すべき感性的なものと対照されることによってしか成り立たないことを示している。そして、カントの普遍概念が成立するのはまさしくこうしたレトリックによってであり、またたからこそ、カント自身は普遍の概念の曖昧さに気づくことができないでいるのだ、と著者は論じる。

ところで、カントはまた、美について論じる際にも、普遍の概念を用いている。『判断力批判』の中で、カントは美しいものを、すべての関心なしでの適意の対象と定義する。なぜなら、いかなる関心も、他人の同意を強要することはできないからである。こうした定義は、カントにおいて、概念なき普遍という考え方へと移行している。著者はこの移行に注目する。カントはこの移行を「演繹」として、次のように説明している。すなわち、関心なしの適意は、主観の何らかの傾向性に根拠づけられているのではなく、したがって、その主観のみが特定の対象に愛着を抱いているといういかなる私的条件もその適意の根拠ではないのだから、主観は誰もが類似の適意をおぼえると期待してもよい根拠を持つのだ、と。そして、こうした期待にもとづく普遍性は、概念的客観性にもとづく普遍性とは異なることから、概念なしの普遍とされる。このような、対象からの離脱から、他人が類似の適意をおぼえるのを期待することへの移行を、カントが趣味判断の普遍性という主題によって要約していることは、まさしく、普遍性の概念の曖昧さを消し去ることにもなっている。テキストとして書かれていることが、それが引き合いに出している諸々のカテゴリーによって、そのテキストが思考を産み出す際の様々な源泉を忘却させるという事態、著者はこれを、哲学全般に共通して見られる性格であると考え、カントをその見事な一つの例であると見なすのである。

さて、普遍の概念の再検討は、カントを引き合いに出して行われているばかりではない。本書における著者の取り組みのオリジナルなところは、さらに、今度はラカンをも、やはり普遍の概念に関して批判している点にある。その批判は、性差の問題をめぐって行われており、著者は、ラカンが「性別化の定式」などによって両性の関係について論じる際に、ある暗黙の前提にのっとっていることを明らかにする。これについて論じている本書の第五章は、この書物全体のクライマックスともなっている。

そこでは、ラカンが普遍についてどのように論じているのかが問題とされている。ラカンは『アンコール』のセミネールにおいて、性関係をそれ自体として書くことはできないことから、ファルスをファルス関数として考えることによって、両性をそれぞれ関数を用いて定式化した。しかし、著者の見るところでは、ラカンは、フレーゲから命題関数というアイデアを借りて男性と女性の立場を論理学的な定式で記述する際、やはり普遍の概念を頼りにしてしまっているのである。

命題関数によって表された論理学的な定式は、性別化の定式と呼ばれるが、これはそれぞれについて、論理学の立場からは維持できないような二つの命題の連言から成り立っている。こうした仕方で性別化を定式化したところに、ラカンの独自性がある。

男性の立場は、「すべての x に対して Φ（x）である」と「Φ（x）でないような x が存在する」という二つの命題が同時に成り立つような立場のことである。これは、フロイトが『トーテムとタブー』において描き出した神話、すなわち、あらゆる女性を享楽していた原始の族長である父を兄弟たちが連帯して殺したという神話を、命題によって記述したものである。つまり、あらゆる男性たちは去勢されているが、同時に、族長という唯一去勢されていない男性が存在するのだ。こうした二つの命題は、論理的には両立不可能であるが、ラカン自身は、二つの矛盾する命題を真として認める。なぜなら、それらの命題が、主体において確立されている妥協、主体を信の残りかすと彼の去勢の承認とに分割するような妥協を、もっとも正確に記述しているからである。

これに対して、女性の立場は「Φ(x)でないようなxは存在しない」と「すべてのxに対してΦ(x)というわけではない」とが同時に成り立つようなものであるとされている。女性において普遍的なものは存在せず、したがって一人の女性が「すべて」ファルス関数の内にあるということは「ない」。だからこそ、「〈女なるもの〉は存在しない」とラカンは言うのである。女性は自らが去勢されていることを知らず、一人一人の女性はファルスの普遍法則の外側に位置している、言い替えれば過剰の位置にあるということ、またこのことから、女性たちは、女性という彼女たちの立場が普遍的にみて何から構成されているのかを、けっして言うことができない、ということを意味する。

著者によれば、このように〈女なるもの〉が一つの謎となってしまうのは、「性別化の定式」が男性的幻想の形成物であるということよりも、もっと深いところに根を持っている。これは、「性別化の定式」を別の仕方で解釈することによって明らかにされる。

ラカンが、男性と女性について、関数とアーギュメントとを用いて区別したということは、彼が、男性的なものや女性的なものといった、あらかじめ確定した何らかの本質、共通の性質があるという考え方をとってはいない、ということを意味する。しかし、著者によれば、ラカンが『L'Étourdit』の中で述べている「ここから出発することで、われわれは十分にしっかりした二つの普遍、二つのすべてを獲得しなければならない」という言葉の中には、理論的可能性という意味のほかに、もう一つの意味、すなわち「人間は男性または女性として規定されなければならない」という定言命法がある。ラカンはたしかに、人間には性の本質規定は存在しないと述べた。しかし、そうであるからこそ、彼は、両性の規定に関わっているような幻想が、二つの性の間で選択しなければいけないという責務によって枠をはめられているのだ。「性別化の定式」が「すべて」という全称量化子を用いているのは、まさにそのあらわれである。しかし著者は、「女性はすべてファルス関数の内にあるわけではない」という命題を、女性はファルスについて、男性とは「別の仕方で」経験しているのだ、と読みかえる。つまり、〈〈女なるもの〉ではなく〉一人の女性を規定しているのは、その女性が、ペニスはファルスではないことを享楽において知らないわけにはいかない、ということである。ラカンは、女性について論じるとき、男性がつねにそうするように、ペニスとファルスとを混同することで、〈象徴界〉に対する女性の依存について述べている。女性は、女性であるかぎり象徴的なものによっては定義されえないのだから、〈象徴界〉に依存しているのだ、というわけである。しかし、女性は、ペニスがファルスではないことを知らないわけにはいかないので、女性が〈象徴界〉へと到達するとしても、それは男性とは別の仕方によってなのだ。

普遍の概念は、それ自体で成立しているのではなく、実際には、様々な幻想によって支えられている。それらの幻想は、男性と女性とでは、とりわけ欲動の対象の置き換えに関して、同じ仕方で構造化されてはいないのである。このことから著者は、思考において、幻想と概念との連結点が性別化されており、思考を普遍性によって定義するならば、それらの間の連関が消し去られてしまう、と主張する。カントにせよラカンにせよ、彼らが普遍の概念を用いて自らの思想を提示するとき、そこには、あらかじめ正当化されることがけっしてなかったような様々な前提が存在している。そして普遍の概念は、そうした前提を消し去る役割を果たしているのであって、ラカンの場合には「性別化の定式」に関してそれが見られる、ということなのである。

＊

なお、本書の表記上の凡例は次の通りである。原文における《　》と〝　〟は共に「　」で、大文字の単語は〈　〉で示し、イタリック体は傍点による強調とした。また、訳文中に原語を指示する場合、および訳者による説明・補足には〔　〕を用い、原文中の（　）はそのまま（　）とした。書名とセミネールのタイトルには『　』を補って表記した。

最後に、訳者がこの翻訳を手がけるきっかけを与えて下さった佐々木孝次先生と十川幸司氏、さらに、様々な形で本書の出版に力を貸して下さったすべての人に、この場を借りてお礼を申し上げたい。

二〇〇一年一〇月

川崎惣一

訳者紹介
川崎惣一（かわさき　そういち）
1971年、大阪に生まれる。東京大学大学院人文社会系研究科博士課程単位取得退学。哲学専攻。現在、専修大学非常勤講師。
主要論文：「メルロ=ポンティにおける表現のパラドクス」（実存思想論集XV『21世紀へのギリシア哲学』、実存思想協会編、理想社、2000年）。
翻訳：『フロイト&ラカン事典』（共訳、弘文堂、1997年）。

普遍の構築　カント、サド、そしてラカン

2001年11月15日　第1刷発行

著　者　モニク・ダヴィド=メナール
訳　者　川崎惣一
発行者　佐伯　治
発行所　株式会社せりか書房
　　　　東京都千代田区猿楽町2-2-5興新ビル303
　　　　電話（03）3291-4676　振替00150-6-143601
印　刷　信毎書籍印刷株式会社

ISBN4-7967-0235-0

Monique David-Ménard : Les constructions de l'universel
Psychanalyse, philosophie